高等职业技术院校房地产类规划教材

房地产概论

（第4版）

主　编　费文美　赵本宇

副主编　谭　莉　陈　倩

西南交通大学出版社
·成都·

图书在版编目（CIP）数据

房地产概论/费文美，赵本宇主编. —4版. —成都：西南交通大学出版社，2020.9（2024.7 重印）
高等职业技术院校房地产类规划教材
ISBN 978-7-5643-7540-9

Ⅰ.①房… Ⅱ.①费… ②赵… Ⅲ.①房地产－高等职业教育－教材 Ⅳ.①F293.3

中国版本图书馆 CIP 数据核字（2020）第 155795 号

高等职业技术院校房地产类规划教材

Fangdichan Gailun (Di 4 Ban)

房地产概论
（第 4 版）

主编 费文美 赵本宇

责任编辑	杨 勇
封面设计	何东琳设计工作室
出版发行	西南交通大学出版社 （四川省成都市金牛区二环路北一段 111 号 西南交通大学创新大厦 21 楼）
发行部电话	028-87600564　028-87600533
邮政编码	610031
网　　址	http://www.xnjdcbs.com
印　　刷	成都蜀通印务有限责任公司
成品尺寸	185 mm×260 mm
印　　张	10
字　　数	227 千
版　　次	2020 年 9 月第 4 版
印　　次	2024 年 7 月第 15 次
书　　号	ISBN 978-7-5643-7540-9
定　　价	32.00 元

课件咨询电话：028-81435775
图书如有印装质量问题　本社负责退换
版权所有　盗版必究　举报电话：028-87600562

第 4 版前言

　　《房地产概论》是为了适应高职高专房地产类专业教学改革需要而编写的。通过参照房地产行业销售、调研、策划等多个岗位标准，调研、参考房地产企业一线专家的实践经验，编者进行了第 4 版教材的编写，增加了建筑、策划的基础知识，强化了对学生实践技能的培养。学生通过本课程的学习，可以掌握房地产行业的基本理论和房地产开发各个环节的基本方法与基本技能，完善房地产方面的知识结构体系，增强房地产行业各岗位的操作能力。所以，本教材对于普及房地产行业基础知识和房地产开发流程管理的基本方法与操作技能是十分重要的。

　　本书具有以下特点：

　　1. 本书的基本构架是站在甲方的角度，按照房地产开发流程的顺序安排章节，编写思路为概述—建筑基础知识—基本理论与基本制度—房地产开发—房地产市场营销—房地产交易，从而方便读者对房地产开发流程的整体把握和理解。

　　2. 在教材内容的处理上，本书凸显高职高专教材的特点，弱化理论知识，强化案例分析，注重学生的实践操作技能的培养。

　　本书由重庆建筑科技学院教师费文美、赵本宇担任主编，负责统稿；周正辉担任主审，谭莉、陈倩担任副主编；易居中国综合服务部副总蒲彤彤、中原地产人力资源部培训部经理李欣负责全书提纲的确定；其他参编人员有张海念、李益、郝海彤、陈雨、何峰、李本里、韩华丽、尹爱飞等。

　　在编写本书的过程中，编者参考了大量的文献和资料，在此对相关作者表示深深的谢意。由于编者水平所限、时间仓促，本书不足之处在所难免，欢迎读者提出宝贵意见。

编　者
2020 年 5 月

第 3 版前言

《房地产概论》是为了适应高职高专房地产类专业教学改革需要而编写的。学生通过本课程的学习，可以掌握房地产行业的基本理论和房地产开发各个环节的基本方法和基本技能，完善房地产方面的知识结构体系，增强房地产行业各岗位的操作能力。所以，本教材对于普及房地产行业基础知识和房地产开发流程管理的基本方法和操作技能是十分重要的。

本书的特点：

1. 本书的基本构架是站在甲方的角度，按照房地产开发流程的顺序安排章节，编写思路为概述—基本理论与基本制度—房地产开发—房地产市场—房地产市场营销—房地产交易，从而方便读者对房地产开发流程的整体把握和理解。

2. 在教材内容的处理上，本书凸显高职高专教材的特点，弱化理论知识，强化案例分析，注重学生的实践操作技能的培养。

本书由重庆房地产职业学院教师赵本宇、费文美担任主编，负责统稿；周正辉担任主审，汪良、张海念、杨娜担任副主编，易居中国综合服务部副总蒲彤彤、中原地产人力资源部培训部经理李欣负责全书提纲的确定，参编人员有：郝海彤、陈雨、何峰、李本里、韩华丽、尹爱飞等。

本书在编写过程中参考了大量的资料，编者对资料的作者表示深深的谢意。由于编者水平所限、时间仓促，不足之处在所难免，欢迎读者提出宝贵意见。

编 者

2015 年 6 月

第 2 版前言

房地产类专业随着我国房地产热而成为热门专业，各高校该类专业的招生情况都比较喜人。《房地产概论》是为了适应高职高专房地产类专业教学改革需要，由重庆房地产职业学院组织编写的校企开发教材。本课程一书定位于培养学生掌握房地产行业的基本理论和房地产开发环节的基本方法和基本技能，使学生将理论阐述与实际问题分析相结合，以提高学生的岗位实践能力。

与国内同类教材相比，本教材独特之处在于：

1. 内容新，本书大多取材于 2010 年以后房地产企业发生的事件，紧扣房地产行业的最新动态。

2. 图表多，本课程给应该掌握的重要内容配置图表，有助于提高教材的易学性和可读性。

3. 案例和材料多，本课程搜集了许多第一手案例和材料，其中一些是微型案例，这些案例绝大部分是房地产企业在实践中积累的。

本书的编写以重视基础、强调实用为原则，以扩大学生的视野、提高学生学习的兴趣和培养学生的分析能力和技能为目的。本书可作为高职高专房地产类等专业的教材，也可供房地产企业岗位培训、函授教育用书，还可供从业人员自学参考。

本书由晏旖嫔、赵本宇担任主编，负责统稿修改。王军民和龙湖集团 U 城项目总监陈臻共同担任主审，负责全书提纲的确定及终审工作。各章执笔人为：赵本宇编写第 1 章；王军民编写第 2 章；周建武、高洁编写第 3 章；叶昌建编写第 4 章；晏旖嫔、叶昌建编写第 5 章；晏旖嫔、华文编写第 6 章；晏旖嫔、刘沙沙、张桔山（中国水利水电集团工程项目部）编写第 7 章。

本书在编写过程中参考了相关的文献、书籍及互联网上相关资料，借鉴了国内外房地产专家、学者的最新研究成果，在此向原作者表达深深的谢意。由于编者编写时间和水平所限，书中难免有不妥之处，恳请广大师生和读者批评指正，以便进一步修改和完善。

晏旖嫔

2013 年 7 月于重庆房地产职业学院

第1版前言

《房地产概论》是为了适应高职高专房地产类专业教学改革需要,由重庆房地产职业学院组织编写的校企合作教材。通过本课程的学习,学生可掌握房地产行业的基本理论和房地产开发各个环节的基本方法和基本技能,完善房地产方面的知识结构体系,增强房地产行业各岗位的操作能力。所以,本教材对于普及房地产行业基础知识和房地产开发流程管理的基本方法和操作技能是十分重要的。

本书的特点:

1. 本书的基本构架是站在甲方的角度,按照房地产开发流程的顺序安排章节,编写思路为:概述—法律法规—项目投资—企业构建—项目运营管理—项目成本管理—项目管理—项目外包管理—企业绩效管理—物业管理。从而方便读者对房地产开发流程的整体把握和理解。

2. 在教材内容的处理上,本书凸显高职高专教材的特点,弱化理论知识,强化案例分析,注重学生的实践操作技能的培养。

本书由赵本宇担任主编,负责统稿。钱燕和九鼎房产总经理严强共同担任主审,负责全书提纲的确定。赵本宇编写第1章、第3章、第4章、第8章;郝海彤编写第5章、第6章、第9章;王伟编写第2章和第7章。参编人员有:张海念、陈雨、何峰等。

本书编写过程中,特别感谢矫培民教授给予的指导和帮助。

在编写本书的过程中,编者参考了大量的资料,在此对资料的作者表示深深的谢意。由于编者水平所限、时间仓促,不足之处在所难免,欢迎读者提出宝贵意见。

编　者

2010年7月

目 录

第一章 房地产概述 ·· 1
    第一节 房地产的概念 ··· 5
    第二节 房地产的构成 ··· 6
    第三节 房地产的特性 ··· 8
    第四节 房地产的分类 ··· 11
    第五节 房地产发展历程简介 ··· 15

第二章 建筑基础知识 ·· 24
    第一节 建筑概述 ··· 24
    第二节 建筑构造 ··· 29
    第三节 建筑设备 ··· 31
    第四节 建筑识图与建筑面积计算 ·· 34

第三章 房地产法律法规和基本制度 ··· 46
    第一节 房地产法律、制度与政策概述 ······································· 49
    第二节 房地产基本制度 ·· 53

第四章 房地产开发 ·· 68
    第一节 房地产开发概述 ·· 71
    第二节 房地产开发程序 ·· 76
    第三节 房地产开发项目规划设计 ··· 83

第五章 房地产市场营销 ··· 97
    第一节 房地产市场 ··· 99
    第二节 房地产营销 ··· 111

第六章　房地产交易 …… 128

第一节　房地产交易概述 …… 129
第二节　房地产交易准备 …… 130
第三节　一手房交易 …… 133
第四节　二手房交易 …… 145

参考文献 …… 151

房地产概论（第4版）
在线答题

第一章
房地产概述

第一章课件PPT

学习目标

通过本章的学习,了解房地产发展的基本历程,熟悉房地产的基本类型,掌握房地产的基本概念和房地产的特征,形成对房地产的基本认识。

知识目标

1. 房地产的概念。
2. 房地产的特征。
3. 房地产的类型。
4. 房地产发展历程。

能力目标

1. 会根据房地产的基本特征分析房地产的基本现象。
2. 能形成对我国房地产发展历程的基本认识。

案例导读

中国房地产十五年发展报告

中国房地产TOP10研究组自2004年开展中国房地产百强企业研究以来,已持续进行了15年。15年来,百强企业研究成果作为衡量企业实力的准绳,见证了行业的成长,也得到社会各界的广泛认可和大力支持。越来越多的房地产企业参与到百强研究当中,研究成果在金融机构名单制管理、上市公司市场认证等资本市场领域及政府合作领域得到了广泛应用,也得到了国内外主流媒体的密切关注和持续深入的宣传报道。近300家国内主流媒体进行了5万多次的深度报道,电视台、纸媒、网络媒体等国内外知名媒体累计报道近7万条。

值此中国房地产百强企业研究十五周年之际，感谢积极参与的房地产开发企业、广大金融机构和媒体，祝愿中国房地产行业越来越好。随着中国房地产行业步入新时代发展阶段，我们也将继续为行业创造价值，用专业研究助力百强企业不断做大做强，促进中国房地产行业的健康发展。

一、春华秋实十五载：成长·贡献·分化

1. 精准把握行业发展节奏，百强企业顺势而为引领行业前行

2003—2017年，GDP增长5倍，全国商品房销售额从7 956亿元扩大至13.37万亿元，增长了15.8倍；百强企业销售额从1 113亿元增长到6.4万亿元，增长了56.3倍；龙头房企销售额从60多亿元到突破5 000亿元；百强企业市场份额从14.0%提升为47.7%，TOP10企业市场份额从2.2%提升为24%。

时势造英雄，百强企业是站在时代浪尖的弄潮儿。1998—2003年，抓住制度红利敢于做第一批吃螃蟹的房企，成为行业的探路人和先行者；2004—2008年，识别城镇化巨大机遇并稳健扩张的房企，实现全国布局并迅速做大规模；2009—2014年，宽松的货币政策刺激了房地产市场高歌猛进，借此契机加大资金储备和杠杆的房企青云直上，千亿房企诞生；2015年至今，把握结构性机遇顺势而为的房企，在白热化竞争中脱颖而出甚至弯道超车。

华南和华东区域百强企业占比达到64%，主力军团地位显现。百强企业十五年淘汰率达80%，抓住市场机遇发展铸就百强企业稳固地位。

2. 紧跟城镇化推进步伐，百强企业与城市共成长

百强企业与城镇化同步发展，形成"城市深耕—区域深耕—全国化扩张—聚焦城市群"的布局脉络，15年来，千亿代表企业布局城市由5个增长到80个。百强企业15年深耕不辍，在重点城市积淀影响力，2017年在25个重点城市市场地位前五的企业之中，平均有79%属于百强企业，为持续发展提供不竭动力。

3. 以居住改变中国为使命，百强企业持续引领行业产品变革创新

15年来，百强企业销售面积市场份额逐年攀升，2017年占比达到全国商品房销售面积的29.4%，15年累计销售房屋建筑面积25.4亿平方米，占过去15年全国商品房销售面积总量的17.4%，共提供住房约2 540万套，满足了人民日益增长的美好居住需求。另一方面，百强企业由满足基本的住住需求转向提升住房品质和改善人居环境的升级换代，产品打造最初以大盘开发、产品思维为主，系列化产品带动全国住宅产品水平的迅速提升。随着人们消费水平提升，人居观念及价值不断升级，百强房企提供的住宅产品功能向"以人为本"不断进化，核心表现为向"客户思维""用户思维"的升级。

4. 金融制度改革创造机遇，资本扩张加速百强企业发展进程

截至2017年，百强企业中上市企业占比已达59%，较2003年增加了12个百分点，上市房企已成为百强企业的中流砥柱；其中，前30企业100%为上市公司，较2003年增加20个百分点。行业领先房企均已借助金融改革制度下的资本力量，实现了企业规模的大幅提升。

15年来,百强房企累计通过上市、增发、配股募集资金近7 000亿元,通过发行国内信用债及海外债募集资金超1.7万亿元,为企业实现快速跨区域拓展与业绩提升提供持续动力。

5. 革新管控模式增强内生动力,提质增效驱动百强企业跨越发展

15年来,中国房地产百强企业从内部管理体系入手进行管控管理机制创新,持续挖掘内生动力,从根本上提升运营效率和效益,实现企业的快速发展。一方面,围绕市场形势和企业规模、发展阶段革新管控模式,内部挖潜推动效率效益最大化;另一方面,从职业经理人向"合伙人"机制演变,2018年百强企业中共有48家企业实行合伙人机制,持续构建百强企业发展自驱力。

二、砥砺迈入新时代:升级·创新·谋变

1. 增量市场空间仍足够大,行业优胜劣汰趋势将加剧

未来几年增量市场仍将保持相对高位,至少仍有年均12亿平方米以上的开发规模,市场空间仍然足够大;未来3~5年,中国房地产行业集中度将加速提升,超30家千亿以上规模企业将成为增量市场的主要角逐者;预计到2020年,中国房地产企业数量锐减,房地产市场将变成规模巨鳄们的激烈角逐场地,千亿以上规模企业数量将超30家,其中,将至少包括3家万亿以上企业、11家3 000亿~10 000亿企业、16家1 000亿~3 000亿企业。如图1.1所示。

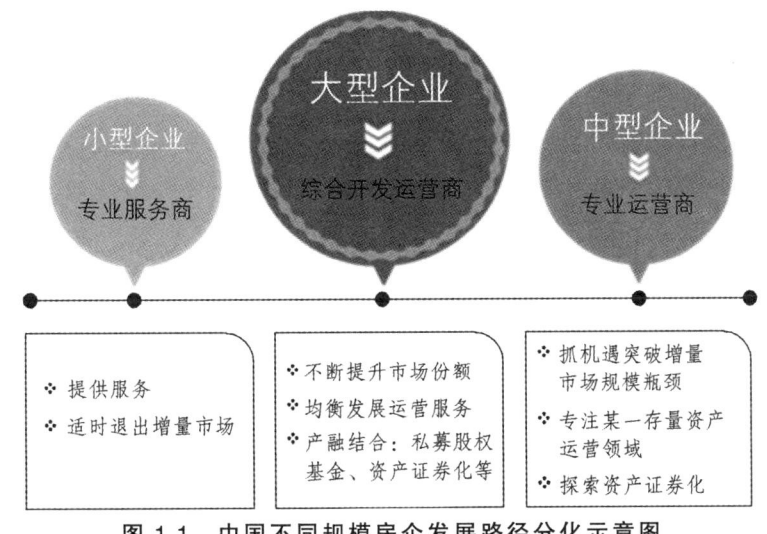

图1.1 中国不同规模房企发展路径分化示意图

2. 存量市场将成为新战场,集合优势资源、另辟蹊径将成为部分房企的选择

对比国外,中国存量房市场潜力巨大。美国进入存量房时代已久,二手房市场已绝对占领市场,2016年美国二手房交易额近6万亿元,是新房开发销售额的9倍,租赁市场容量高达5.19万亿元,租赁人口占比35%;日本自1985年起存量房市场开始明显占据主导地位,新房市场波动性加大,整体处于下行阶段,二手房交易规模为0.4万亿元,租赁人口占比为27.2%;而中国二手房交易规模仅是新房开发销售市场的25%。

未来，不同规模房企的发展路径将呈现出以下分化趋势：大型房企或专注于新房开发销售，继续提升增量市场份额，或转型综合开发运营商，双市场通杀，同时深化金融资本模式，实现产融结合。中型房企在继续提升新房开发销售规模的同时，依据自身资源积累和核心优势重点提升房地产某一细分领域的运营能力，充分利用资产证券化盘活存量资产。小型房企受规模、实力等因素的限制，将逐渐退出新房开发销售业务，围绕存量房市场转型为服务商，提供物业服务等。

3. 专业化运营是存量资产盘活根基，快速提高运营能力是突围关键

中国城市已经陆续步入由增量发展到存量更新的转型期，有大量的存量资产还没有发挥其价值，长租公寓、商业零售、办公楼、养老医疗等领域均有较大的发展空间。其中，根据中国指数研究院的测算，2016年中国租赁市场规模为1.38万亿元，租赁人口占比为13%，市场规模和人口占比均远低于美国等发达国家，未来发展空间巨大。

聚焦不同层级城市的核心地段，获取优质的存量资产项目；根据实际情况，选择合适的运营模式切入并快速抢占份额。具备资金实力的大型房企，可选择重资产模式下"持有+运营""持有+托管"或"持有+净出租"模式，拓展存量资产领域；而部分资金实力较弱的房企可采用轻资产模式，输出"开发+运营"服务或只输出运营服务，减少前期资金沉淀，有效提高市场份额。

4. 房地产资本逻辑向存量价值运营转变，资产证券化将驶入快车道

未来，随着存量资产的价值的不断崛起，尤其是"租购并举"住房制度的持续推进，房地产资产证券化将进入快速发展通道，其中CMBS、类REITs等资产证券化产品发展前景值得期待：房地产私募股权基金与CMBS/类REITs/REITs等资产证券化产品优化组合的"私募+REITs"模式，可以帮助房企打通房地产融投管退的完整闭环，适于具有开发运营、资产管理等综合实力的大型房企。转型REITs的房企需要及早储备各类存量细分领域的优质收益性不动产，并培育专业运营能力，争取在某个或几个细分运营领域拔得头筹，成功转型以REITs运作为主的不动产运营商。

5. 满足新时代下美好生活需要，"大破大立"升级高品质服务

中国向服务业经济时代转型，围绕美好生活的高品质服务市场领域机遇大，房企首先应彻底扭转粗放增长的发展逻辑，以工匠精神打造美好生活场景；其次，大中小型房企应明确定位，资金实力强、服务水平高或具备较强资源整合能力、具有较强抗风险能力的房企才适合转向服务领域进行拼杀；中小型房企可依据已积累的资源或专业化经营优势，选择某一个或少数服务领域打造核心竞争力，并通过长期专业化运营最终实现盈利，继而成为新的业务增长极。

（资料来源：大数据周刊2018中国房地产十五年发展报告；http://www.bigdatamag.cn/yyal/3103.jhtml.）

第一节 房地产的概念

一、房地产

房地产是一个复杂的综合的概念,从具体的实物来看,它由建筑物和土地构成。土地又分为已经开发和未经开发的土地,建筑物需要依附土地存在,与土地紧密结合。建筑物包括房屋和构筑物两大类。

房地产是房产和地产的统称,是房屋与土地在经济方面的商品体现。房地产是指土地、建筑物及固着在土地、建筑物上不可分离的部分及其附带的各种权益。房地产由于其自己的特点即位置的固定性和不可移动性,在经济学上又被称为不动产。有三种存在的形态:土地、建筑物、房地合一。

房地产无论是从商品,还是从财产或权利的角度,有一点都是相通的,那就是房地产是一个由房屋(房产)和土地(地产)所组成的综合物——可以说,房屋与土地反映着房地产在物质方面的属性和形态,而房产与地产则是房地产在经济方面以商品形式的体现。也就是说,房地产就其构成形式来看,主要是分为房屋(含与房屋相关的其他建筑物、构筑物、附属设施)财产及其与房屋相关的土地财产,以及独立的土地财产两大类,即通常所称的房产和地产。

归结起来讲:房地产是指土地和定着于土地之上的永久性的建筑物、构筑物、附属设置,以及包括水、矿藏、森林等在内的自然资源,还包括与上述物质有关的权益及由此所衍生的权利。即房地产是商品,是财产,也是权利。

二、物 业

"物业"一词来源于对英语"Estate"或"Property"的翻译,最早出现在我国香港,其本义是指单元性房地产。随着物业管理的推广和普及,"物业"一词也广泛地被我国内地所接受,并且其含义基本类似。例如,建设部物业管理主管部门及各地区物业管理的有关条例中,对物业的解释大多为"物业,是指住宅区内各类房屋及相配套的公用设施、设备及公共场地","居住物业,是指住宅以及相关的公共设施","物业是指已建成并投入使用的各类房屋及与之相配套的设备、设施和场地"等。由此可见,物业主要包括3个部分:① 已建成并具有使用功能的各类供居住和非居住的建筑物;② 与这些建筑物相配套的设备和设施;③ 相关的场地及内部非主干道。

在国际上,"物业"作为通用的习惯词汇,与房地产、不动产表达的是同一个概念。而在我国特定的环境下,物业与房地产并不等同。房地产是指形成于生产、流通、消费的整个过程中的房地产产品,是土地及其定着于土地之上的建筑物、构筑物和其他附属物在自然形态和经济形态下的总称;而"物业"则是指进入消费领域的房地产产品,从房地产全寿命管理的角度而言是进入"售后服务"的房地产。结合我国的具体情况,一般我们可以把物业定义为:已建成并经竣工验收投入使用的各类具有使用功能的建筑物与其配套设施、附属设备设施以及相关的场地。

第二节 房地产的构成

由于房地产是一个由房屋(房产)和土地(地产)所组成的综合物,房屋与土地反映着房地产在物质方面的属性和形态,而房产与地产又是房地产在经济方面以商品形式的体现。因此,房地产的构成就应该从物质和经济两个方面进行分析。

一、物质形态构成

房地产的物质主体主要是土地(建筑地块)、房屋(建筑物)和房屋附属设备三个部分。

(一)土地(建筑地块)

土地原本是自然资源,是一个由气候、地貌、岩石、土壤、植物(被)和水文等组成的自然综合体,从空间上它是一个垂直的系统。根据我国1982年《宪法》规定,在中华人民共和国境内城市土地归国家所有,农村土地采取集体所有制,城市郊区土地除法律规定属于国家所有的以外,一般属于集体所有。

(二)房屋(建筑物)

房屋是指由基础、墙、顶、门、窗构成,能够遮风避雨,供人在内居住、工作、学习、娱乐、储藏物品或进行其他活动的空间场所。作为房地产实物形态的房屋是建筑物的一种,是一个综合的概念。

第一,从房屋建筑学的角度,房屋是指有承重支柱、顶盖和围护墙体,有使用价值的正规建筑物。

第二,从其物质构成要素角度,房屋主要由以下四个方面构成:① 房屋建筑材料。包括钢材、水泥、木材、砖瓦、塑料、玻璃、轻质材料等。② 房屋建筑地基。包括宅基地。③房屋内设施。包括水、电、煤、卫生、空调、取暖设备。④房屋外部环境。包括地理位置、道路交通、文化娱乐、生活服务。

第三，从其基本社会经济功能角度，房屋又是三种社会经济功能的综合体：①生活功能。通过房屋建筑物的面积、质量满足生活功能。②社交功能。通过合理的房屋结构布局以及邻里单位的设计与建设实现其社交功能。③心理功能。通过家庭关系，满足人们心理需要功能。

（三）房屋附属设备

房屋附属设备，是对房屋建筑内部附属的和相关的公用、市政、配套的各类设备、设施的简称。房屋附属设备是否齐全、档次的高低、服务质量的差异已成为房屋建筑质量、造价的集中表现，是确定房屋使用功能的主要指标之一。各类设备的正常运行，是向住（用）户提供良好的生产、工作、学习和生活环境的主要物质基础。

房屋附属设备的种类繁多，功能各异，随着建筑技术、相关产业不断发展以及经济水平的不断提高，功能更加完善的新型产品和设施还在不断地涌现。现代民用建筑房屋的附属设备主要分为两大类：房屋建筑设备和房屋建筑电气工程设备。

房屋建筑设备主要包括：给水设备；排水设备；热水供应设备；消防设备；卫生与厨房设备；供暖、供冷、通风设备；燃气设备。

房屋建筑电气工程设备主要包括：供电及照明设备；弱电设备；电梯设备；防雷设备。

二、经济形态构成

房地产在经济形态方面的构成就是房地产产权及其权属关系，即以所有权为核心，以占有、使用、收益、处分四大权能为载体的房地产经济、法律关系。相同的房地产物质（用途、结构、地段、朝向、户型等），在不同的所有制关系或不同的产权关系下，房地产的财产份额、经济上的分配关系和利益的取得差异是完全不同的。

房地产上述固有的物质形态和经济形态的构成，也就决定了当房地产作为商品在进行交易、转让时的特殊性，即房地产作为不动产，与一般商品所不同的重要方面就表现在"物流"与"权属流"的结合。所谓房地产"物流"是指房地产实物形态的流转，即"房屋＋土地＋附属设施、配套设施"的流转；所谓房地产"权属流"是指房地产产权形态的流转，即以房地产产权证所代表的房地产产权流转。也就是说，房地产权利人要想最终获得某宗房地产及其与之相应的权利，就必须在获得房地产实物的同时获得政府指定的权威主管部门对该宗房地产权属的确认和相应的权属证书。因此，房地产商品的交易确切地来讲有两种表现形态，一种是房屋、土地及其附属设施、配套设施的商品实物形态，另一种是以权属证书形式所表现的产权形态。只有这两种形态的配套交易，才能构成房地产的合法交易，房地产的相关权益也才能够得到实现。以上即构成了与一般商品交易所不同的房地产交易的特殊性。

第三节 房地产的特性

一、位置的不可移动性

房地产位置的不可移动性也被称为房地产位置的固定性。具体表现为：① 土地是不可移动的；② 人们对土地的投入也是不可移动的，水渠、管道、电缆、道路等都是土地（熟地）的组成部分，离开土地它便不成其为对土地的投入；③ 房屋是建筑在一定的土地之上的，房屋建筑物在一般情况下是不可移动的。当然，国内外都有过将古建筑物"整幢搬走"的例子，但这种"移动"并非等同于"可移动"，只是将原建筑物"拆开"后，易地照原样重建，而且这种移动的耗资量是相当巨大的，除了极少数国家重点保护的文物古建筑，一般是不会这样做的。换言之，房地产的交易，只能是通过法定契约的方式对产权进行交易。所谓房地产为不动产也正是源于房地产在位置上的不可移动性。

房地产位置的不可移动性，要求房地产所处的区位必须对于开发商、投资者、置业人或承租人具有吸引力，也就是说，能使开发商通过开发投资获得适当的开发利润，使投资者、置业人能获取合理而稳定的经常性收益，使承租人能够方便地开展其经营活动以赚取正常的经营利润并具有支付租金的能力，或使承租人能够得到舒适的环境与方便的通达条件。此外房地产价值的高低，在很大程度上取决于该房地产所处地区的增值潜力。因此，无论是对于居住置业，还是投资置业，在房地产业都有一句话："The first is location. The second is location. The third is location too." 其中"location"就是"地段"，就是"区位"。这是房地产不同于一般商品的特点之一。

二、产品的独一无二性（异质性）

房地产作为商品不同于一般商品的第二个特点是它的异质性，即世界上没有两宗完全相同的房地产。在科学技术高度发达的今天，市场上绝大部分商品都是多样化、标准化的。从食品、服装到各种商品，尽管每一种商品都有不同的规格、尺寸、款式、口味、功能等，但它们中的任何一种都存在着相当数量单位的完全一样，因为它们是批量生产的产物。然而，市场上绝对不存在完全相同的两宗物业。首先，土地由于受地理位置、区域环境的控制不可能相同，即使在同一城市，甚至同一社区内，也很难找到两块品质完全相同的地块。至于建筑物，其品质就更是各异了，不仅在外形尺寸、年代、风格、建筑标准上各不相同，即使是上述因素都相同的建筑物，它们也会由于内部附属设施、街景区位、物业管理等因素的差异而有所不同，甚至在同一住宅区内的相同住宅，不同的朝向和层次差异也是很大的。

由于房地产的异质性，从理论上讲每一单位面积的房地产的价格都可以是不一样的，而且这种区别最终将反映在两栋建筑物的租金水平和出租率等方面都会有很大的差异。

因此房地产市场较其他商品市场具有更多的中介经纪服务行为。

三、外部性

在现实经济生活中，生产者或消费者往往会在经济活动中给第三者带来附加的服务或损害，而这些服务是无偿的，损害也是得不到任何补偿的，福利经济学称之为"外部性"。房地产由于其较多的公共物品的特点，使其生产和消费必然对他人产生各种外部的影响，这样也就需要由政府通过法规及相关的经济手段对房地产的投资、开发、经营及其占有、使用、收益和处分加以调控。并且，任何房地产一旦建成，较长时期内就不易改变。因此，与一般商品相比较，房地产的生产和消费与周围环境之间更容易发生相互影响。这些影响都使得房地产会因外部环境的改善而增值，也会因外部环境的恶化而形成价值损失，既容易对周围环境形成不同的影响，也容易受到周边各种环境的制约或促进，包括各种政策、法律、制度的影响。

四、保值增值性

土地的不可移动性使得土地具有聚集资本的能力，因此，对同一块土地连续追加投资可以形成资本的积累，从而实现土地增值。房地产的增值性是一种规律性现象。地产升值，房产同样也有升值。一般来说会因房地产需求的增加、土地资源的有限性、基础设施的改善等原因而使价格上涨，价值增加。当然，房地产升值不是直线式的，短期内，房地产的价格是上下波动的，但从长期看，房地产价格无疑是不断上升的。此外，一般商品随其使用价值的消耗，价值也逐渐随载体的消亡而消亡，而房地产的使用价值不仅不因时间的流逝而消亡，相反由于其稀缺性却可以保值甚至增值。同时政府在道路、公园、博物馆等公共设施方面投资的不断追加，能显著地提高附近房地产的价值，而使该处房地产能从周边社区环境的改善中获得利益。

五、效用的多样性

土地，既是人类社会重要的生产资料，又是人类赖以生存的空间。除可以作为农、林、牧、渔等第一性生产资料外，还可以作为城市、工厂、商业、交通、旅游、科技、教育、卫生、体育、公共绿化等用地。随着社会生产力的发展，土地的利用也是在不断发生变化的。

对于房屋建筑物而言则体现在效用上的多层次性。如居住房屋在其效用上，同时具备生存资料、享受资料和发展资料三个不同层次的内容。居住房屋的数量和质量，决定其生存、享受和发展等效用的程度。质量好的房屋还有观瞻的功能和美化环境的作用。

另外，从房地产参加经济活动与经营活动的角度来看，它具有多重经济身份的特点：

①房地产既是消费资料（生活资料），又是生产资料。它可以是一种最终消费品，如人们购买住宅房地产可以满足居住这一基本生活消费需求；它又可以是一种生产资料，如农田、树林、仓库、厂房、店铺、办公大楼、旅馆等，人们占有它们是为了从事经营；它还可以是完成各种社会公益事业的手段，如政府办公大楼、国家公园、国家博物馆，以及属于国家或社会共同事业的医院、学校、营房、庙宇等。②房地产既是固定资产，又是流动资产。当房地产以出租或出售等不同形式完成交易时，房地产对于买卖双方而言，资产的形式是不同的。以厂房为例，当厂房的所有者将厂房的所有权一次性出售给工厂时，厂房对于工厂来讲是固定资产，而对于出售者来讲则是流动资产；当厂房的所有者将厂房以出租的方式出租给工厂时，对于双方来讲都是固定资产。

六、价值高且变现难

世界上有两种产品价值含量高且变现难。一种是黄金首饰，另一种就是房地产。如果说黄金首饰主要是由于个人偏好较多的话，那么房地产就不仅仅是有较多的个人偏好，更多地还体现在它的异质性所导致的市场信息不对称、价格的个体性、交易过程"物流"与"权属流"的合并所导致的产权变更及相关手续烦琐。这些原因导致房地产在交易过程中因变现时间和方式变化而形成较大资金变现风险。同时，房地产占用资金量大，建设周期长，因此，房地产投资者等待现金回收与收益的时间也很长。

七、寿命周期长

一般房地产的使用寿命年限都很长，土地是永久存在的，房屋附属设施的耐用期也很长。因此在房地产商品流通中，不仅可以转移产权，而且也可以在不改变产权关系的前提下，只转移一定年限的使用权。现代武器能够摧毁整座城市，能使一个地方变为一片焦土，若干年内不能生长植物。但威力无穷的现代武器也无法消灭土地，处在一定经纬度的土地是永存的。同时，房屋虽然有自然损耗，有因建筑类型、建筑标准、使用功能等已不适应时代的要求而人为地将其拆除或改造，但这种损耗的周期是很长的，少则几十年，多则上百年甚至几百年。相对一般商品而言，它们完全可以被看作耐久的、长期的商品，这也就是房地产业比较容易获得长期性融资的原因。我国有关建筑物安全的规定，房屋建筑物按照结构的不同其寿命年限及使用年限，或称为折旧年限（房屋价值转移的年限）分别为：钢结构70年、钢混结构60年、砖混结构50年、砖木结构40年、简易结构10年。

八、有限性与稀缺性

就目前人类科学技术的发展来讲，土地是不可再生资源。同时土地的数量为地球陆地表面面积所控制,一般可以认为,地球表面的陆地面积是不会增加的,其中还要除去沙漠、戈壁、沟壑、山岭等,不难理解现有的土地便是供应的极限。国外以及我国香港地区都曾有过填海造地的成功例子,但这种人工造地耗资巨大,只能在水很浅的海边进行,所得到的土地面积极少,根本谈不上解决土地供应的有限性。随着人类社会经济的发展,人们对土地的需求日益增多,但土地供应却是有限的,因而土地是一种稀缺性资源。

第四节 房地产的分类

房地产根据划分依据的不同,可以有多种分类方式,如按照物质形态、用途、经营方式、收益与否、开发程度等,可以划分为以下不同类型(见表1.1)。

表1.1 房地产的分类

分类依据	类 型
按物质形态划分	土地、在建工程、建成后的物业
按用途划分	森林、农田、住宅、商业房地产、工业房地产、开发基地
按经营方式划分	用于出售、出租的房地产
按是否产生收益划分	收益性物业、非收益性物业
按开发程度划分	生地、毛地、熟地或已开发土地、未开发土地、未来待开发土地

在现实经济活动中,人们常常根据房地产的物质形态和用途对其进行开发、利用和管理,我们将就上述几种分类方式所区别的房地产进行分析。

一、按物质形态划分

按房地产存在的物质形态划分,主要分为3种类型,即土地、在建工程、建成后的物业。

(一)土 地

如前所述,土地的本质是自然资源,它是房地产的一种特殊形态。尽管单纯的土地并不能完全满足人们入住和生产的需要,但由于土地具有潜在的开发价值,通过对土地不断投资,就可以最终达到为人类提供入住空间和活动场所的目的。因此,土地属于房地产的范畴,并且是最重要的一个组成部分。

土地依据开发程度的不同又可以分为生地、毛地和熟地,或分为已开发土地、未开发土地和未来待开发土地。生地是指不具备城市基础设施的土地。毛地是指城市基础设施不完善、地上有房屋拆迁的土地。熟地是指具备完善的城市基础设施、土地平整能直接进行建设的土地。所谓未开发土地基本上是指农业用地，已开发土地则通常是指城镇用地，当然，两者在一定的条件下是可以转化的，但主要是由农业用地转化为城镇用地。而根据土地所处状态的不同，城市土地又可以分为具备开发建设条件、立即可以开始建设的熟地和必须经过土地的再开发方能用于建设的生地。

（二）在建工程

在建工程是指已经开始施工建设但尚未竣工投入使用的房地产。它是房地产开发建设过程中的中间形态，受原有投资者融资能力、管理能力、投资策略、市场营销策略以及市场环境因素变化的影响，房地产市场上总是存在着一定数量在建工程的交易行为，如将在建工程转让、抵押等。

（三）建成后的物业

所谓建成后的物业是指已通过竣工验收、可投入或已经投入正常使用的房屋建筑物、构筑物、附属设施及场地。以不同的分类原则，建成后物业有以下两种分类方法：① 按其当前的使用状况可以分为空置房和已入住或已使用（包括所有权人确定但尚未使用）的房地产两类；② 按照建筑用途不同，建成后的物业又可以分为：居住物业（即通常所称的住宅，包括普通住宅、公寓、别墅）、商业物业（包括商业大厦、商场、购物中心、写字楼、酒吧、餐厅、饭店、宾馆、各种文化娱乐设施以及服务业用建筑等）、工业物业（包括标准厂房、车间、仓库、成品和材料堆放场地等）、特殊物业（包括赛马场、高尔夫球场、汽车加油站、飞机场、车站、码头、高速公路、桥梁、隧道、开发基地等，这类物业的经营内容通常要得到政府的特殊许可）。

二、按用途划分

根据国际上对房地产分类的惯例，综合房产与地产的有关内容，房地产基本上可以分为以下 6 种类型。

（一）农　田

农业是国民经济的基础，粮食是人类生存最基本的生产资料，因此各国政府都制定有明确的法律和政策对农田进行严格的管理。由于土地是不可再生资源，而随着人口的增长和经济的发展，人类对农田的需求日益扩大，因而土地价格和租金呈上升趋势。随着现代科学技术在农业生产上不断得到推广运用，农业生产率日益提高。但由于存在投资报酬递减现象，以及单位面积农产品产量的极限，与其他行业相比，农业投资的利润通常是比较低的。

从经营角度讲，现代农田投资者的投资目的并不是种植，而是要获得利润，农田地产交易的前提是允许买卖、转租。

（二）森　林

森林的投资回收期很长，有时投资者需要投资60年以上方能有稳定的收入，因此，一片森林中必须有相当比重的成材树，而且各种年龄的树林应各占一定比例。鉴于木材是重要的生产、生活资料，而森林投资回收期又很长，所以许多国家对森林投资采取了各种优惠的政策。如减免税，甚至预付一部分利润等。

由于世界上成材林面积不断下降，人类对木材的需求却日益增加，这是导致木材价格急剧上升的原因。

（三）住　宅

住宅是人类赖以生存的基本条件之一。在现代城市中，住宅一般占到房屋总量的50%左右。住房与人们的生活息息相关，因而住宅房地产是一种十分复杂而敏感的商品。住房的供应量，尤其是房租、房价的微小变化，都会引起整个社会的关注——可以说，住宅问题是一个关系社会安定与否的大问题。世界各国政府都对住房政策采取十分谨慎的态度。大多对住宅实施福利性政策，有的国家甚至通过立法禁止对住宅进行商业化的投资经营。一些观点甚至认为住房是生活必需品，与水、电一样，不能以营利为目的。

从实践上看，目前国际上住宅房地产可以分为3类：

（1）住宅本身不是商品，而仅仅是一种福利设施。这类住宅由政府投资兴建，承租户只是象征性地缴纳少量的租金，这部分房租甚至不足以弥补正常的房屋建筑物的维修、管理费用，当然就根本谈不上投资回收了。这类住宅是靠国家大量财政补贴得以维持的。

（2）住宅属于一种准商品。这类住宅的买卖、租赁，通常是国家通过一定的财政补贴给予其各种优惠政策，如控制最高租金水平、给予低息购买贷款等。之所以称这类住宅属于准商品是因为它们的租金与价格已同建筑的成本、利润挂钩，并受房地产市场供求的一定影响，但它们的租金和价格又不与市场供求、竞争直接联系。

（3）住宅本身就是一种商品。这部分房地产与其他商品一样，其价格、租金，以及供求关系完全由市场决定。

很长一段时期内，我国的住宅除了少量私房外基本上都是属于第一种类型。近几年各地的住房制度改革方案相继出台，逐渐停止实物化分房，使我国的住宅逐步向第二种类型演变，并出现大量的商品房。

（四）商业房地产

商业房地产是房地产市场中主要的商品，它包括店铺、购物中心、商业大厦、写字楼、宾馆、酒吧、餐厅、各种文化娱乐设施以及服务业用建筑等。

商业房地产具有以下显著特征：

（1）商业房地产由于装修等原因，地上建筑价值占整个房地产价值的比重较大。

（2）商业房地产单位营业面积赢利率高，因而商业用房地产单位面积的售价和租金也相对比较高。

（3）商业房地产对周围环境的反应特别敏感，在城市中的位置往往成为决定商业房地产价值的关键因素。同样，商业用地或店面分别处于城市商业中心区和城郊接合部，售价和租金前者往往高于后者，会是后者的数十倍，甚至上百倍。

（4）商业房地产具有较强的适应性。其主要表现为商业房地产的具体用途易于发生改变。如经营自行车的店铺稍加装修便可以经营家用电器，办公楼的楼面则可以出租给各种各样不同的行业。

（五）工业房地产

工业房地产包括工厂、仓库、成品和材料堆放场地、码头等。工业房地产是工业生产的重要生产资料，一般认为它们部分地参加产品的生产过程。工业房地产具有以下特点：

（1）工业房地产一般不做外部装修，总建筑成本相对比较低。

（2）工业房地产在结构设计方面技术性要求很高，因而一般适应性比较差。有时一幢厂房就是专门为某一条生产线而设计的。

（3）工业房地产对周围环境也有一定要求，主要是交通运输便利，有较大的发展空间。

工业房地产中的专用厂房进入市场的可能性很少，标准厂房、仓库、码头、堆放场地，大量地被用来开展租赁业务，也可买卖。

（六）开发基地

开发基地包括已购入或租入的预定用于开发的生地，已经完成三通一平（水、电、道路通，场地平整）、五通一平（上水、下水、供电、通信、道路通，场地平整）或七通一平（上水、下水、供电、通信、道路、燃气、热力通，场地平整）的熟地，以及已拆除和将要拆除旧建筑用于重新开发的土地。开发基地是一种过渡形式的房地产，因为它还未完成它的最终形态，但开发基地存在的时间可以很长。

三、按开发程度划分

房地产按开发程度划分为生地、毛地、熟地、在建工程和现房五种。

（一）生　地

生地是指不具有城市基础设施的土地，如农地、荒地。

（二）毛　地

毛地是指具有一定的城市基础设施，有地上物（如房屋、围墙、电线杆、树木等）

需要拆除或迁移但尚未拆除或迁移的土地。

（三）熟　地

熟地是指具有较完善的城市基础设施且场地平整，可以直接在其上进行房屋建设的土地。按照基础设施完备程度和场地平整程度，熟地又可分为"三通一平""五通一平""七通一平"等的土地。"三通一平"一般是指通路、通水、通电以及场地平整，"五通一平"一般是指具备道路、给水、排水、电力、通信等基础设施条件以及场地平整，"七通一平"一般是指具备道路、给水、排水、电力、通信、燃气、供热等基础设施条件以及场地平整。

（四）在建工程

在建工程是指建筑物已开始建造但尚未竣工的房地产。该房地产不一定正在开发建设之中，也可能停工了多年，因此在建工程包括停缓建工程。另外，有些在建工程从另一角度通常又称为"房地产开发项目"。在实际估价中，判定是否为在建工程，通常以是否完成工程竣工验收为标志。未完成工程竣工验收的，即为在建工程。已完成工程竣工验收的，应当有工程竣工验收报告。在建工程可以按照工程进度，如形象进度、投资进度（投资完成额）、工作量进度（完成工程量）、工期进度等进行分类。例如，按照形象进度可以把在建工程分为基础某层、正负零、结构某层、结构封顶和完成外装修等。

（五）现　房

现房是指已建造完成、可直接使用的建筑物及其占用范围内的土地。现房按照新旧程度，又可分为新的房地产（简称新房）和旧的房地产（简称旧房）。其中，新房按照装饰装修状况，又可分为毛坯房、粗装修房和精装修房。

第五节　房地产发展历程简介

中国的房地产市场是在改革开放以后逐渐建立起来的，随着同期国民经济的迅速发展，城市对住房、商业以及工业用房的要求不断增长，我国房地产市场也经历了从无到有并逐步发展成熟这一过程。

一、计划分配时期（1998年以前）

中国房地产业历史长久，但是受到中华人民共和国成立初期社会经济条件的制约，房地产业发展长期处于停顿状态。直到20世纪80年代以后，中国的房地产业才逐渐起步，并在不断增长的经济大形势下迅猛发展。但是因为中国1998年以前城镇居民住房实行的是计划经济条件下的"配给"制度，作为福利由国家统一调配，因此，中国房地产业发展实际并未启动。

（一）启动时期

这个时期是1978年至1991年。

中国当时还实行计划经济，市场经济处于萌芽状态，政府对于房地产市场的发展缺乏管理经验，房地产市场的管理制度刚刚建立。1980年4月2日，邓小平同志为解决全国普遍存在的住房困难问题发表了关于建筑业和房地产业的谈话："关于住宅问题，要考虑城市建筑住宅、分配房屋的一系列政策。城镇居民个人可以购买房屋。也可以自己盖房。新老房子都可以出售。"这一重要指示的实质是指出了住房制度改革必须走住房商品化道路。遵循这一指示，中国1987年开始进行住房制度改革试点。1988年修改后的《中华人民共和国宪法》明确了土地有偿使用制度。1990年，国务院颁布《城镇国有土地使用权出让和转让暂行条例》和《外商投资开发经营成片土地暂行管理办法》，解决了通过市场来配置土地的问题。

1978年理论界提出了住房商品化、土地产权等观点。1980年9月北京市住房统建办公室率先挂牌，成立了北京市城市开发总公司，拉开了房地产综合开发的序幕。1982年国务院在四个城市进行售房试点。1984年广东、重庆开始征收土地使用费。1987至1991年是中国房地产市场的起步阶段。1987年11月26日，深圳市政府首次公开招标出让住房用地。1990年上海市房改方案出台，开始建立住房公积金制度。1991年开始，国务院先后批复了24个省市的房改总体方案。

（二）快速发展时期

这个时期是1992年至1993年。1992年小平同志南方讲话和党的十四大的召开，推动了社会主义经济体制的建立，整个国民经济呈现快速增长态势。另外土地批租审批权的下放，也进一步推动了房地产开发的热潮，大批房地产项目竞相开工，房地产价格飞速上扬。1992年房改全面启动，住房公积金制度全面推行，其中1992年至1993年6月，房地产业超高速发展，投资超常规，1993年"安居工程"开始启动，尤其1993年上半年，房地产业发展进入高潮，造成了通货膨胀，影响到国民经济的协调发展。

（三）调整时期

这个时期是1994年至1997年。

1993年下半年，国家实施调控政策协调宏观经济，房地产业是其中的重点，房地产业发展速度放缓。经过1994年的全面整顿，房地产到1995年进入平稳发展时期，房地产业的投资虽然还在增长，但增速已大大下降。回顾当时，1993年国家对房地产开发实行有限发展的宏观调控手段是符合经济发展形势的，制止了地方政府和房地产商的盲目投资，保持了房地产业的平稳发展。从 1980 到 1998 年的 18 年间，房改政策主要体现在逐步提高房租、以房改价出售公有住房等方面。这是住房制度市场化改革迈出的关键性的一步。

二、市场化改革时期（1998 至 2003 年）

从 1998 年开始，中国房地产业经过几年的调控，已经开始发生根本性的变化，整个行业进入到一个新的全面发展时期。为了促进国内消费市场的全面发展，国家采取一系列政策措施来鼓励内需，其中一项重要举措是推动房地产市场改革。

1998 年开始的房地产市场化改革，其根本性的标志是 1998 年 7 月 3 日，国务院发出 23 号文件《国务院关于进一步深化城镇住房制度改革加快住房建设的通知》，其中规定"1998 年下半年，开始停止住房实物分配，逐步实行住房分配货币化"。文件的目标是推进居民住房的商品化，建立适合中国国情的商品房制度，完善中国商品住房的供应结构。但在实际执行过程中各级地方政府并没有充分保障对经济适用房的土地供给，政府批租的土地，大部分流转到一般商品房上，经济适用房土地供应比例只占全部土地供应的微小部分。当时的情况是，中国已经持续多年住房供应紧张，房地产市场处于严重供给不足状态。

而随着全国展开住房货币化改革，房地产市场逐渐成型，真正步入市场化的轨道。由于这一阶段房地产市场处供需矛盾突出，一直处于供不应求状态，在价值规律、供求规律及竞争规律综合作用下，房地产价格波动十分频繁。房价变动涉及政府、开发商、消费者等各方面利益，房价的大幅波动影响到了国家经济的健康发展和社会政治的稳定。在这个快速发展的过程中，房地产企业获利颇丰，完成了资本的积累，也敦实了房地产业深入发展的基础。房地产业发展成为国民经济中的支柱性产业。这一时期的重点是建设和消费，改善了民众的居住条件，消化了库存，促进了经济增长。

三、商品化主导时期（2003 至 2005 年）

2003 年之后，中国城镇化进程高速发展，房地产需求激增，房地产业向市场化快速移动，房地产价格节节攀升。与此同时，房屋空置率升高，房地产企业资金绷紧、烂尾楼等楼市怪相不断涌现。为促进房地产业与国民经济的协调发展，2003 年 8 月 12 日，国务院颁布了《国务院关于促进房地产市场持续健康发展的通知》（国发〔2003〕18 号），通知指出房地产市场存在如下问题：中国房地产市场发展不均，住房供求矛盾突出，房地产交易行为不规范，监管和调控不足，住房价格增长过快，服务体系不健全。并从提高认识、明确指导思想，调整供应结构、强化管理服务，加强市场监管、整顿市场秩序几个方面对各级地方政府、相关各部委提出了全面调控的要求。但《通知》颁发后，本意是调控房地产市场的文件却使中国房价陡然升高，房价涨幅为 1998 年以来最高。原因就在于《通知》中的表述为："逐步实现多数家庭购买或承租普通商品住房，要根据市场需求，采取有效措施加快普通商品住房发展，提高其在市场供应中的比例。"房地产市场的定位，从以经济适用房为主的市场定位转而定位为普通商品房占主导地位的市场。这是一个鼓励房地产市场充分竞争的信息，虽然没有提出中国房地产市场发展由市场调节，但在实际操作中，有推进房地产市场向完全市场化方向发展的趋向。

2004 年，中国人民银行宣布 25 日起国有银行等金融机构的存款准备金率提高 0.5%，冻结银行可用贷款 1 100 亿元，以减少盲目投资于房地产开发的资金。这是国家为控制过度投资、避免金融风险、提高资产质量采取的重大举措，也是促进房地产业健康、稳定、有序发展的重要战略。2004 年 4 月国务院还下发通知，要求各地方政府停止审批农转建用地。于是，房地产开发的资金和土地要素均被政府严格控制。事实也证明，市场经济不完善时，国家对房地产市场的宏观调控是必要的。

四、市场配置与政府调控结合时期（2006 至 2015 年）

2006 年中国开始了全面建设小康社会的新时期，宏观经济形势良好，不少房地产企业以开发精装修、大户型商品房来追逐超额利润，使得大多数中低收入阶层的刚性住房需求得不到满足，中国房地产业出现了结构性失衡。国务院于 2005 年分别颁布了"新老国八条"，2006 年 5 月又颁布了"国六条"。调控的主要目标是大力发展中低价位、中小户型普通商品房，大力建设经济适用住房和廉租住房，充分调整商品房供应结构。虽然相关政策中，对中国房地产市场性质没有明确界定，但从政府陆续出台的房地产调控政策看，房地产产品和市场以其与民生、经济的重要关联性引起了国家的高度重视。在当时的环境下，是应该强化市场机制，完善房地产市场的资源配置作用，还是应该充分考虑房地产商品在国民经济中的特殊性，加强政府的宏观调控，一直争议不断。

2007 年 11 月 9 日国务院总理温家宝访问新加坡时的谈话，表明了政府对于促进房地产市场稳定发展的态度。他说："如果提起人民生活，我最为关注的是住房问题。特别是近些年来房价上涨较快，人民有很大的意见。"关于如何解决房地产问题，温总理谈了几点考虑。首先，政府要搞好廉租房建设。其次，是建设经济适用房。高档住房主要靠市场调节，"但是也必须有国家的宏观调控，防止利用房地产进行炒作造成市场混乱"。温总理的讲话表明，中国政府把房地产市场定位为市场机制与政府调控综合进行资源配置的有限市场。

2008 年 10 月，全球金融危机爆发，中国地产业已进入严冬期。

2009 年从年初的黯淡，到 3 月转入大阳春，5 月之后有越来越多的投资客进入房地产市场，象征着房地产市场步入炎夏。而到年末，12 月 16 日《福布斯》评选七大金融泡沫，中国房地产成为位列第二位的近在眼前的金融泡沫。

2010 年中国房地产价格持续走高，尤其是二三线城市增幅创历年新高。2010 年以来，中国出台了一系列房地产调控措施，将政策由此前的支持转向抑制投机，遏制房价过快上涨，其中包括土地、金融、税收等多种调控手段。2010年1月10日，国务院出台"国十一条"，严格二套房贷款管理，首付不得低于40%，加大房地产贷款窗口指导，对二套房不再区分改善型和非改善型，一概执行40%首付，明确要求央行及银监会要加大对金融机构房地产贷款业务的监督管理和窗口指导，加强监控跨境投融资活动，防境外"热钱"冲击中国市场。

2011年为稳定房地产市场发展，国务院、银监会等相继出台多项政策对稳定房地产市场发挥了重要作用。毫无疑问，稳健调控成分2011年房地产调控的一个主旋律，不论是限购还是房贷利率等措施都让房价得到了控制。

五、调控深化，长效机制加速房地产业稳定发展（2015年至今）

2015年年末，中央经济工作会议强调要去库存，由此，拉开了房地产去库存的序幕；2016年初，相继出台系列利好政策；房地产市场由此回温，尤其是一线城市，显效迅速。

2017年，房地产政策坚持"房子是用来住的，不是用来炒的"基调，地方以城市群为调控场，从传统的需求端抑制向供给侧增加进行转变，限购限贷限售叠加土拍收紧，供应结构优化，调控效果逐步显现。同时短期调控与长效机制的衔接更为紧密，大力培育发展住房租赁市场、深化发展共有产权住房试点，在控制房价水平的同时，完善多层次住房供应体系，构建租购并举的房地产制度，推动长效机制的建立健全。

2018年长效机制落实将进一步加快。同时，短期调控与长效机制的衔接将更为紧密，在维持房地产市场稳定的同时，完善多层次住房供应体系，这也将对未来房地产市场产生更深远的影响，推动住房观念变化和住房居住属性强化，为房地产市场稳定建立更稳固的基础。

2019年保持楼市调控定力、各地因城施策取得的积极效果。一方面，房地产金融抑制政策贯穿全年，这为部分城市实施定向微调、保障合理住房需求提供了坚实的基础。另一方面，相较于2018年，随着各地市场形势的分化，2019年因城施策进一步深化，这在一定程度上保障了市场的整体稳定。

综上所述，我们直观看到，从1998年房地产市场化改革以来，中国的房地产市场发展经历了由计划经济向市场经济过渡阶段，市场经济向政府宏观调控下、市场机制与行政手段综合进行资源配置的阶段。从实际效果看，只有在宏观调控的正确引导下，中国房地产业才能够实现持续快速的良性发展。

本章小结

本章主要对房地产的基本概念、房地产特点及分类、中外房地产的发展历程进行了介绍，重点掌握房地产的基本概念和特征，熟悉房地产的基本类型。

关键概念

房地产　　物业　　容积率　　外部性

章节测试题

选择题

1. 经济学所讲的外部性在房地产利用中主要体现为房地产的（　　　）。
   A. 相互影响性　　　　　　　　B. 寿命长久性
   C. 数量有限性　　　　　　　　D. 保值增值性

2. 某人在自己的住宅周围种植花草树木美化环境，其邻居也因赏心悦目和空气新鲜而受益，但不会为此向他支付任何费用。这是由于房地产的（　　　）特性。
   A. 不可移动　　　　　　　　　B. 用途多样
   C. 外部性（相互影响）　　　　D. 易受限制

3. 下面（　　　）不是由外部经济的原因而引起房地产价格上升。
   A. 装饰装修改造　　　　　　　B. 修建广场、公园、公共绿地
   C. 调整城市发展方向　　　　　D. 改变城市格局

4. 房地产的（　　　）特性，是房地产有别于其他财产的主要之处。
   A. 位置的不可移动性　　　　　B. 寿命周期长
   C. 产品的独一无二性　　　　　D. 效用的多样性

5. 与一般商品相比，房地产的使用价值不仅不因时间的流逝而消亡，相反由于其稀缺性还表现出了（　　　）特征。
   A. 寿命周期长　　　　　　　　B. 产品的独一无二性
   C. 保值增值性　　　　　　　　D. 价值高且变现难

6. 房地产是（　　　）和（　　　）的总称，也叫不动产。
   A. 房产　　　　　　　　　　　B. 地产
   C. 动产　　　　　　　　　　　D. 不动产

案例分析与讨论

2019年度全国房地产业大事件

事件一：中央首提房不刺激·政策收紧坚持三稳

【事件】2019年7月30日，中央政治局召开会议部署下半年经济工作，提出坚持"房子是用来住的，不是用来炒的"定位，落实房地产长效管理机制，不将房地产作为短期刺激经济的手段。而在此前，已有政策收紧信号。比如在4月19日和5月18日，住建部已经对多个城市进行了约谈和预警提示，强调了房地产市场调控目标不动摇的决心。7月20日，开封市住建局发布了《市住建局撤销其作出的调整新购商品住房交易时限及撤销备案限制的相关决定》，原因是未进行充分市场调研。7月24日，苏州年内第二次收紧政策。

【评析】中央首提不将房地产作为短期刺激经济的手段，是为了防范各地因为经济下行压力大而轻率松绑楼市，进一步体现了"房住不炒""三稳"的政策目标导向，这也是2019年房地产调控中定性最为严厉的一次，其对于引导市场行为和预期是有积极作用的。第一，此类政策的提出和上半年市场略偏热有关。2019年3月开始，楼市出现小阳春，随之各类虚高房价和地价的问题开始出现。第二，确保了既有政策的连续性和稳定性，防范各地政府随意松绑楼市。客观来说，2019年上半年各地经济下行压力总体还是比较大的，部分城市有政策松动或调整的考虑。但是从稳定楼市的角度看，政策的调整需要谨慎和稳妥。受中央及地方相关政策的影响，房地产以及关联市场过热的现象出现了变化。比如中国信托业协会发布的数据显示，截至2019年3季度末，投向房地产的信托资金余额为2.78万亿元，较2季度减少1 480.67亿元，这是自2015年4季度以来，首次出现新增规模的环比增速负增长。

事件二：房价下跌城市数快增·房价拐点现身来临

【事件】2019年11月15日，国家统计局发布了10月份70个大中城市商品住宅销售价格变动情况。据统计，二手房价格环比下跌的城市数量为35城，而上涨的城市数量为31城，是54个月以来首次下跌城市数量多于上涨城市。同时，下半年部分城市楼盘的新房也进行降价大促销。比如，8月20日，恒大打响促销第一枪，旗下楼盘陆续打折，部分项目打折幅度甚至达7.8折。再如，融创天津公司启动员工自购及全员泛营销，非合资住宅项目全部打8.0~8.5折，商办产品6.0~7.0折，车位最高5折，引起广泛热议。

【评析】2019年下半年，特别是4季度，房企大幅促销的行为，一方面表明在房地产融资政策大幅收紧以后，房企现金流压力增大，年末有较大的资金回笼需求以应对未来债务压力；另一方面表明多地的房地产市场降温明显，新房销售不理想，同时房企预期2020年市场发展空间有限，需要加快项目周转速度。按照国家统计局数据，70城新房与二手房价格已经分别上涨55和56个月，无论是上涨时间还是上涨幅度都远超以往几次短周期，市场存在很强的调整需求。二手房价更能反映市场真实需求，房价下跌的城市数超过上涨城市数，标志着房价拐点的来临，2020年全国房地产市场或将进入全面调整阶段。

事件三：《土地管理法》新修订·集建用地入市有法可依

【事件】8月26日，十三届全国人大常委会第十二次会议表决通过关于修改《土地管理法》的决定，该法律自2020年1月1日起施行。值得关注的是，新法删去了关于从事非农业建设使用土地的，必须使用国有土地或征为国有的原集体土地的规定。土地利用总体规划、城乡规划确定为工业、商业等经营性用途，并经依法登记的集体经营性建设用地，土地所有权人可以通过出让、出租等方式交由单位或者个人使用。在新《土地管理法》正式生效前，部分城市已积极进行试点，如9月份北京市大兴区瀛海镇，一宗集体建设用地区级统筹地块顺利成交，用于建设共有产权住房。这是北京也是全国利用集体建设用地试点建设共有产权住房的首个项目。

【评析】新《土地管理法》的通过，标志着中国集体建设用地全面落实"同地同权同价"政策进入实质性推进阶段。2019年，各地集体建设用地改革试点的案例不断增多、各类政策改革的红利不断释放，同时相关法律制度也不断修正，取得了突破性的调整。这一改革，是新型城镇化和城乡融合发展过程中的重要变革，体现了"发挥市场配置资源的决定性作用"的导向，必将形成城乡二元结构下的土地资源要素流动的新趋势。从当前来看，在具体实操层面，仍处于"摸着石头过河"的阶段，以试点为主，各类法律和市场的空白点及隐性风险很多。同时，在集体建设用地入市、流转和开发的过程中，关注点更多的还是在农村集体经济组织和农民等层面上。未来，应加强从房企的角度研究此类土地性质，助推房地产资本进入集建地的开发。

事件四：深圳"豪宅税"降门槛·市场情绪局部躁动

【事件】11月11日，深圳市电子税务局确认了深圳"豪宅税"征收新标准，即同时满足住宅小区的容积率在1.0以上、单套建筑面积在144 m²以下住房，满两年可免征增值税，即降低了住房交易税费成本。与此类似，2019年还有多地放松调控。包括上海自贸区临港新片区、南京六合、天津滨海和宝坻、河北燕郊、成都天府新区、佛山、广州等都出台了人才政策，放松限购。如佛山发布的《关于进一步完善人才住房政策的补充通知》明确，本科学历首套房不受户籍、个税、社保限制。

【评析】当前各类政策的放松，其实与房地产政策松绑无直接关系。对于各地的人才购房政策，和各地城镇化的相关工作有关，主要还是为了吸引更多的人才，以优化人才结构。而"豪宅税"的政策内容，也是从税费政策角度进行的主动调整，有助于减轻普通住房的交易成本。实际上类似政策还有很多，如深圳对商务公寓调整了"只租不售"的政策内容。这都体现了当前各城市不同的发展导向和政策调整思路。客观来说，此类政策调整，是具有放松效应的，如人才购房政策调整后，确实会带来更多的购房需求。从具体的房企项目来看，也确实存在乘势涨价等做法。比如说深圳豪宅税政策调整后，深圳确实也出现了部分二手房大幅加价的现象，也曝光了部分业主在微信群中"控盘""控价"等乱象。因此，对于此类政策需要客观对待，既要发挥出应有的效应，也要防范政策被曲解。

事件五：一线办公楼空置率攀升·经济下行应防供需错配

【事件】2019年8月，央视财经记者实地走访了深圳的宝安、南山、福田和罗湖等区域后发现，深圳高端写字楼的空置率逐渐上升。美联物业数据表明，2018年下半年，全市甲级写字楼空置率大概是在17%到18%，2019年上半年空置率上升到25%左右。其中福田区的空置率目前是在16个百分点，南山区相对比较高一点，大概在22个点左右，其中前海相对比较高一些。2019年上半年整体的租金价格一直在下行，较2018年明显下降，整体来说在20%到30%，部分项目下跌达到40%，甚至更高。

【评析】深圳甲级办公楼空置率攀升，主要有以下三点原因：一是我国经济增长减速,部分企业经营困难;二是金融去杠杆引发 P2P 公司大量爆雷退租;三是近些年一些地方政府片面追求招商引资,批了大量办公楼用地,导致开发建设规模过大,造成供应过剩。从全国来看,一线城市整体写字楼市场空置率攀升,二线城市办公楼平均空置率更高。易居院的监测数据显示,全国办公楼库存在 2017 年初达到最高点后,基本维持横盘走势,去化周期自 2018 年 5 月以来连续震荡上行,去库存情况远差于住宅。针对此现象,各地政府应采取措施,如控制办公楼用地规划与供应,稳定经济增长,对实体企业给予扶持,盘活存量的办公楼资产如发展共享办公、商办转租赁住房等。6 月 17 日,深圳前海管理局正式印发《促进企业回归办公用房租金补贴办法》,引导在前海注册的企业尽快回归。

问题讨论:
1. 根据以上房地产事件,评价分析一下 2019 年我国房地产业发展状况如何。
2. 什么是空置率?你怎么看待"一线办公楼空置率攀升"这种现象?

第一章案例拓展

第一章微课视频

第二章
建筑基础知识

第二章课件PPT

学习目标

通过本章的学习,了解建筑的基本知识,熟悉建筑的分类、构造以及建筑设备的组成内容,掌握建筑面积的计算并会进行简单的建筑识图,形成对建筑整体的基本认识。

知识目标

1. 了解建筑相关概念、分类及构造。
2. 熟悉建筑设备所包含的内容。
3. 掌握建筑识图与面积计算的方法。

能力目标

1. 能运用所学知识进行建筑识图。
2. 能运用所学建筑面积计算方法进行实物计算。

案例导读

随着人们生活水平的提高,居民对居住条件的要求日益提高,房地产市场随之也蓬勃发展。在房屋的交易过程中,为了购得更好的产品,购房者对房屋结构的认知需求较多,如何更好地为购房者服务,促使交易成功,售房人员应该掌握更多的建筑基础知识。作为某楼盘的销售人员,你应该掌握哪些建筑基础知识呢?

第一节 建筑概述

一、建筑的概念

什么是建筑?从文字上看,"建""筑"两个字都是动词,是表达建设的含义。建筑本身又代表建设的一个过程，有时间的概念存在。建筑更是所有人类土木活动及成果的总称。建筑是一种技术工程，它和机电、道路、水利等工程一样，是为着某种使用上的目的而通过物质材料和工程技术去实现的，它是人类社会的一项物质产品。

从历史上看，根据古罗马时代的建筑家维特鲁威所著的现存最早的建筑理论书《建筑十书》的记载，建筑包含的要素应兼备用（utilitas，实用）、强（firmitas，坚固）、美（venustas，美观）的特点，为了实现这些特点，应确立艺术的且科学的观点。

从现代来看，建筑就是建筑物与构筑物的总称，是人们为了满足社会生活需要，利用所掌握的物质技术手段，并运用一定的科学规律、风水理念和美学法则创造的人工环境。其中，建筑物是供人们进行生活、生产或其他活动的房屋或场所。而构筑物仅仅为满足生产、生活的某一方面需要而建造的某些工程设施，如桥梁、城墙、堤坝等。

二、建筑的基本属性

1. 建筑的时空性

（1）建筑的空间性：建筑是空间存在，是实的部分和空的部分的统一。

（2）建筑的时间性：① 建筑的存在有时间性；② 对建筑的使用始终是在时间的存在中进行的；③ 建筑的使用功能有可能随着时间的流逝而变化；④ 对建筑的审美是有时间因素的。

2. 建筑的工程技术性

大体来说，建筑的工程技术包含建筑结构与材料、建筑物理、建筑构成、建筑设备与建筑施工等方面。

3. 建筑的艺术性

意大利现代著名建筑师奈维认为："建筑是一个技术与艺术的综合体。"美国现代著名建筑师赖特认为，建筑是用结构来表达思想的科学性的艺术。总之，优秀的建筑不仅要设计师去设计，还要由能工巧匠将它造出来，所以建筑具有艺术的特征。建筑的艺术性是建筑的基本属性之一。

4. 建筑的社会文化

建筑是一种社会文化，一种社会文化的容器，同时它也是社会文化的一面镜子。这包括：① 民族性和地域性。② 建筑的历史性和时代性。

三、建筑的基本构成要素

建筑构成的要素是：建筑功能、建筑技术条件和建筑形象。

1. 建筑功能

建筑功能主要指建筑物设置的目的和实用性，用于满足人们生活、居住、活动的需要。

2. 建筑技术条件

建筑技术条件主要包括建筑结构、建筑材料、建筑施工和建筑设备等内容。建筑技术是随着社会的发展，社会生产力的进步，使人类的生产、社会活动不断变革和更新，对建筑功能能产生更多的要求，这就促进了建筑业的发展。

3. 建筑形象

良好的建筑形象具有较强的艺术感染力。建筑除满足人们使用要求外，又以它不同的空间组合、建筑造型、细部处理等，构成一定的建筑形象，从而反映出建筑的性质、时代风采、民族风格以及地方特色等。

建筑功能、建筑技术条件和建筑形象这三者的相互关系为：建筑功能是建筑目的，处于首要地位；建筑技术是建筑的物质基础，是实现功能的手段；建筑形象是建筑的结果。

四、建筑的分类

1. 按建筑物建筑的时间分

现代建筑——上海金茂大厦、国家大剧院、北京鸟巢、水立方等。

古代建筑——上海豫园、苏州园林、北京故宫、法国凡尔赛宫等。我国古代建筑按年代时间又可分：秦代建筑、隋唐五代建筑、明清建筑等。

2. 按建筑物所在地域分

我国地域广大，气候不一，所自然形成的各地民居也不尽相同。例如：北京民居（图2.1）、山西民居、河南民居（图2.2）、上海民居、福建民居、内蒙古游牧民居等。

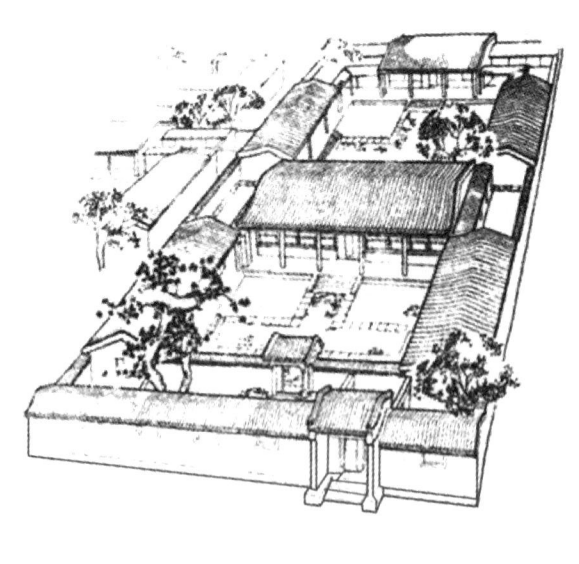
鸟瞰图

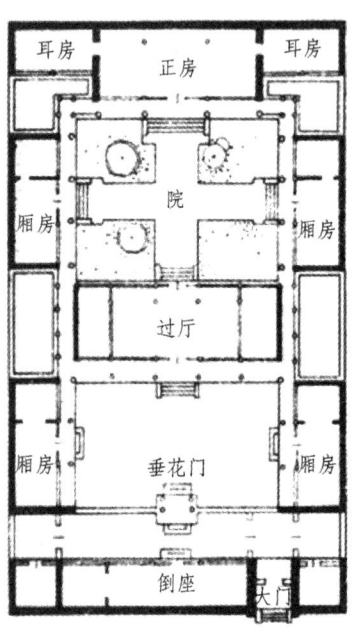

图 2.1 北京典型四合院民居

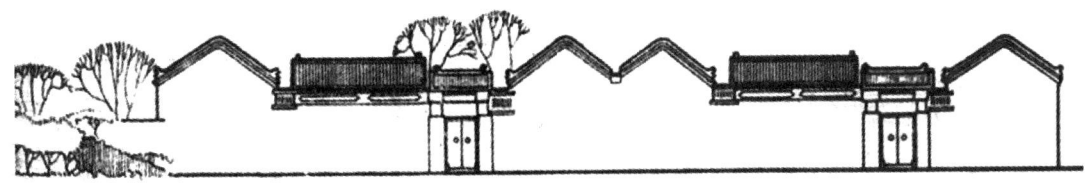

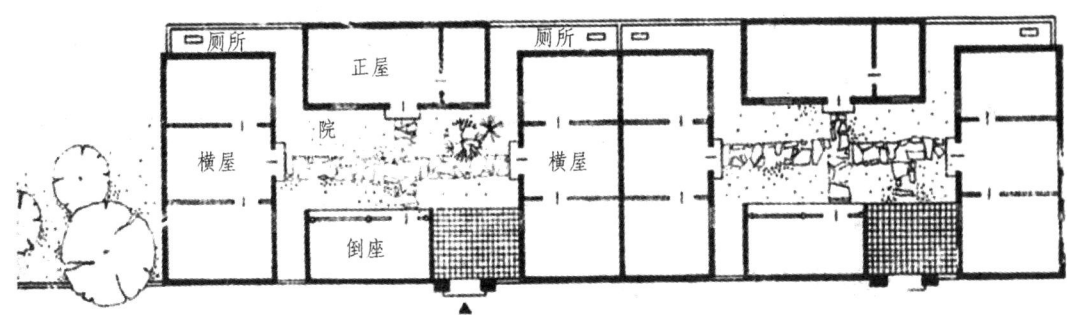

图 2.2 河南开封市后炒米胡同民居

3. 按建筑物的使用情况分

（1）民用建筑，包括居住建筑（如住宅、宿舍、公寓等）和公共建筑（如学校、办公楼、剧院等）。

（2）工业建筑，包括各种生产和生产辅助用房（如仓库、动力设施等）。

（3）农业建筑，包括各种饲养牲畜、储存农具和农业机械用房等。

（4）军用建筑，包括军事工程建筑物和军事工程构筑物。军事工程建筑物是供军队进行战斗、训练、试验、生活或其他活动的场所和物体，如掩蔽部、坑道、靶场、试验场等。为军事斗争需要构筑的，人员一般不直接在内进行作战、训练和生活等活动的建筑物为军事工程构筑物，如崖壁、拦水坝、排水设备等。

4. 按建筑物的层数分

民用建筑按建筑物的层数分为低层、多层和高层三种。低层为1~3层，多层为4~9层，高层为10层以上。

5. 按主要承重结构材料分

木结构、砖木结构、砖混结构、钢筋混凝土结构、钢结构。

五、建筑的等级划分

1. 耐久等级（指标是使用年限）

《民用建筑设计通则》中对建筑物的耐久年限作的规定见表2.1。

表 2.1 《民用建筑设计通则》中对建筑物的耐久年限作的规定

建筑等级	建筑物性质	耐久年限
一	重要的建筑和高层建筑	100 年以上
二	一般性建筑	50～100 年
三	次要的建筑	25～50 年
四	临时性建筑	15 年以下

2. 耐火等级

耐火等级取决于房屋的主要构件的耐火极限和燃烧性能。它的单位为小时。耐火极限指的是从受到火的作用起，到失掉支持能力或发生穿透性裂缝或背火一面温度升高到 220℃时所延续的时间。按材料的燃烧性能把材料分为燃烧材料（如木材等）、难燃烧材料（如木丝板等）和非燃烧材料（如砖、石等）。

多层建筑的耐火等级分为四级，一个建筑物的耐火等级属于几级，取决于该建筑物的层数、长度和面积。

高层民用建筑的耐火等级分为二级，高层民用建筑分为两类，主要依据建筑高度、建筑层数、建筑面积和建筑物的重要程度来划分。一类高层的耐火等级应为一级，二类高层应不低于二级，裙房应不低于二级，地下室应为一级。

3. 工程等级

工程等级指标是建筑的复杂程度。其分类见表 2.2。

表 2.2 工程等级分类

等级	主要特征	工程举例
特级	① 列为国家重点项目或以国际性活动为主的特高级大型公共建筑。② 有全国性历史意义或技术要求特别复杂的中小型公共建筑。③ 30 层以上建筑	国宾馆、大会堂、国际会议中心、国际大型航空港、重要历史纪念建筑、三级以上人防
一级	① 高级大型公共建筑。② 有地区性历史意义或技术要求复杂的中、小型公共建筑。③ 16 层以上 29 层以下或超过 50 m 高的公共建筑	高级宾馆、省级展览馆、图书馆、300 床位医院、航运站、通信楼、四级人防等
二级	① 中高级、大中型公共建筑。② 技术要求高的中小型建筑。③ 16 层以上、29 层以下住宅	大专院校教学楼、省级机关楼、300 床位以下医院、汽车客运站等
三级	① 中级、中型公共建筑。② 7 层以上 15 层以下有电梯的住宅或框架结构的建筑	社会旅馆、邮电所、门诊所、百货楼、幼儿园、综合服务楼、小型车站等
四级	① 一般中小型公共建筑。② 7 层以下无电梯的住宅、宿舍及砖混建筑	一般办公楼、中小学教学楼、消防站等
五级	一、二层单功能，一般小跨度结构建筑	

第二节 建筑构造

一、民用建筑的构造组成及作用

一般民用建筑是由基础、墙或柱、楼地层、楼梯、屋顶、门窗等主要部分组成。图 2.3 所示为一幢住宅构造组成。

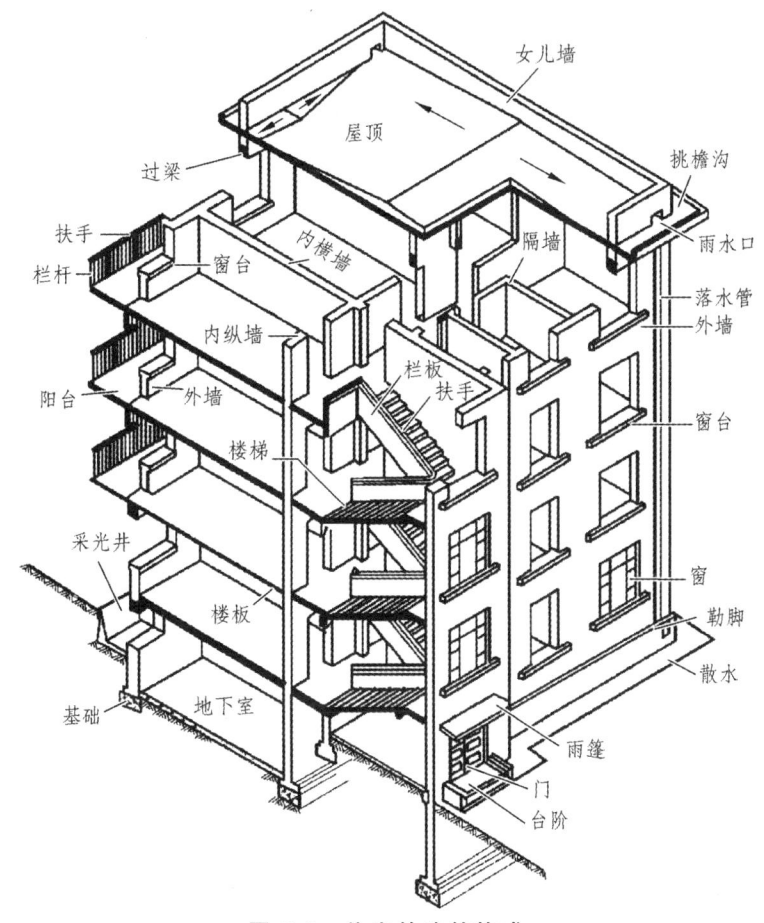

图 2.3 住宅的建筑构成

基础是房屋最下面的部分，它承受房屋的全部荷载，并把这些荷载传给下面的土层（地基）。

墙或柱是房屋的垂直承重构件，它承受楼地层和屋顶传给它的荷载，并把这些荷载传给基础，墙起承重、围护、分隔建筑空间的作用。

楼梯是房屋建筑中联系上下各层的垂直交通设施。

门是建筑物的出入口，它的作用是供人们通行，并兼有围护、分隔的作用。

窗的主要作用是采光、通风、供人眺望。

房屋除上述基本组成外，还有一些附属部分，如阳台、雨篷、台阶、烟囱等。具体组成及作用见表 2.3。

表 2.3 房屋组成

组成部分	作 用
基础、墙、梁、柱、板、屋面等	支撑作用
外墙、屋面、窗等	围护作用
门、窗、天窗等	通风、采光作用
门、过道、走廊、楼梯、台阶等	内外联系及上下交通作用
内墙、隔断等	分隔作用
天沟、雨水管、散水、雨篷、明沟	排水作用
勒脚、防潮层等	护墙作用
阳台、平台等	晾晒作用

二、影响建筑构造的因素

建筑构造的影响因素包括自然界和人为因素的影响，主要体现在以下三个方面。

1. 经济条件的影响

人们对建筑的使用要求随着建筑技术的不断发展和人们生活水平的日益提高也越来越高。建筑标准的变化带来建筑的质量标准、建筑造价等出现较大差别，对建筑构造等出现较大的差别，对建筑构造的要求也将随着经济条件的改变而发生很大的变化。

2. 外界环境的影响

1）气候条件的影响

气候条件随我国各地区地理位置及环境不同而有很大差异。太阳的辐射热，自然界的风、雨、雪、霜、地下水等构成了影响建筑物的多种因素。故在进行构造设计时，应该针对建筑物所受影响的性质与程度，对各有关构、配件及部位采取必要的防范措施，如防潮、防水、保温、隔热、设伸缩缝、设隔蒸汽层等。

2）外力作用

荷载为作用在建筑物上的各种力的统称。荷载的大小是建筑结构设计时的主要依据，也是结构选型及构造设计的重要基础，起着决定构件尺度、用料多少的重要作用。荷载可分为恒荷载（如结构自重）和活荷载（如人群、家具、风雪及地震荷载）两类。

3）各种人为因素

在进行建筑构造设计时，应针对人们在生产和生活活动中，往往遇到火灾、爆炸、机械振动、化学腐蚀、噪声等人为因素的影响，防止建筑物遭受不应有的损失，采取相应的防火、防爆、防振、防腐隔声等构造措施。

3. 建筑技术条件的影响

建筑构造技术随着建筑材料技术的日新月异，建筑结构技术的不断发展，建筑施工技术的不断进步，也开始不断翻新并丰富多彩起来。例如，彩色铝合金材料的吊顶、悬索、薄壳、网架等空间结构建筑，玻璃幕墙，采光天窗中家庭现代建筑设施的大量涌现。在构造设计中要以构造原理为基础，在利用原有的、标准的、典型的建筑构造的同时，不断发展或创新构造方案，以此来改变建筑构造中一成不变的固定模式。

三、建筑构造设计的基本原则

1. 结构坚固、耐久

除按荷载大小及结构要求确定构件的基本断面尺寸外，对阳台、楼梯栏杆、顶棚、门窗与墙体的连接等构造设计，都必须保证建筑构、配件在使用时的安全。

2. 满足建筑物的各项功能要求

进行建筑设计时，应根据建筑物所处的位置不同和使用性质的不同，进行相应的构造处理，以满足不同的使用功能要求。

3. 美观大方

除了建筑设计中的体型组合和立面处理影响建筑的形象外，一些建筑细部的构造设计也会影响建筑物的整体美观。

4. 技术先进

进行建筑构造设计时，应大力改进传统的建筑方式，从材料、结构、施工等方面引入先进技术，并注意因地制宜。

5. 合理降低造价

在经济上注意降低建筑造价，降低材料的能源消耗，又必须保证工程质量，不能单纯追求效益而偷工减料。降低质量标准，应做到合理降低造价，即注重综合效益。也就是各种构造设计，均要注重整体建筑物的经济、社会和环境的三个效益之间的关系。

第三节 建筑设备

一、建筑设备的含义

建筑设备是指安装在建筑物内为人们居住、生活、工作提供便利、舒适、安全等条件的设备。具体说来，是为了满足生产上的需要，以及提供卫生、舒适、方便和安全的生活与工作环境，要求在建筑物内设置完善的给水、排水、热水、供暖、通风、空调、煤气、供电等设备系统，这些设备系统的总称就叫作建筑设备。

建筑设备是现代化建筑的重要组成部分，其设置的完善程度和技术水平，已成为社会生产、房屋建筑和物质生活水平的重要标志。

二、建筑设备与建筑的关系

建筑设备与建筑是相互协调的关系，要求建筑设备与建筑、结构及生产设备等相互协调。一个建筑从规划设计到施工，必须综合地、协调地进行，以求使建筑物达到适用、经济、卫生、舒适、安全和环保的要求，使其功能完善和协调一致。建筑设备是房屋建筑不可缺少的重要组成部分。

三、建筑设备包含的内容

建筑设备是现代建筑必要的组成部分，是为建筑物的使用者提供生活和工作服务的各种设施和设备系统的总称。按照专业习惯，我们把"建筑设备"分为建筑给排水、暖通空调和建筑电气三大部分内容。

1. 建筑给排水系统

（1）建筑给水系统：通常分为生产给水系统、生活给水系统和消防给水系统三类。

生产给水系统：通常用于生产设备的冷却、原料和产品的洗涤、锅炉用水及某些工业的原料用水等，生产用水对水质、水量、水压以及安全等方面的要求随工艺不同有很大区别。

生活给水系统：主要是供民用、公共建筑和工业企业建筑内的饮用、烹调、盥洗、洗涤等生活用水，要求水质必须完全符合国家规定的饮用水标准。

消防给水系统：供层数较高的民用建筑、大型公共建筑及某些车间的消防系统的消防设备用水。

（2）建筑排水系统：用来排除生活污水和屋面雨、雪水的设备。通常室内排水管道分为三类：

生活污水系统：排除人们日常生活中的洗浴、洗涤生活污水和粪便污水。

工业污、废水系统：排除工矿、企业生产过程中所产生的污废水。

室内雨雪水系统：接纳、排除屋面的雨雪水。

（3）热水供应系统：一般由加热设备、储存设备（主要指热水箱）和管道组成。

2. 暖通空调系统

（1）供热系统：包括热水供暖和蒸汽供暖两种。热源部分是热量发生器，如锅炉；输热部分是热量输送管网，如室内外供暖管道；散热部分是热量散发的设备，如散热器、暖风机、辐射板等。

（2）通风系统：房屋内部的通风设备，包括通风机、风道、排气口及一些净化除尘设备等。

（3）空调系统：大型商业大厦、办公写字楼常用中央空调系统，小型商店或居住公寓楼通常采用柜式或分体式空调机。

（4）燃气供应系统：如燃气灶、燃气热水器等。

3．建筑电气系统

（1）建筑供配电系统：由变配电室或配电箱、供电线路、用电设备三部分组成。

（2）电气照明系统：由电气系统、照明灯具等组成。

（3）弱电设备：给房屋提供某种特定功能的弱电设备及装置。主要有：通信设备、广播设备、闭路电视系统、自动监控、报警系统以及电脑设备等。

（4）电梯：按用途可分为客梯、货梯、客货梯、消防梯及各种专用电梯。

（5）电气安全与建筑防雷。

四、建筑设备的基本作用

（1）为建筑创造适当的室内环境，如创造温、湿度环境和空气环境的暖通空调设备、创造声、光环境的电气设备等。

（2）为建筑的使用者提供工作和生活的方便条件，如电梯、给排水系统、通信系统、广播系统等。

（3）能增强建筑自身以及人员、设备的安全性，如防排烟系统、消防系统、保护接地和防雷系统、报警监控系统、事故照明等。

（4）能提高建筑的综合控制性能，如自动空调系统、消火栓消防泵自动灭火系统等。

知识链接

什么是建筑设备工程？

建筑设备工程是指建筑内的给水、排水、供热、通风、空气调节、燃气供应、供电、照明、通信等设备系统。这些设备工程置于建筑物内，要求与建筑、结构及生产工艺设备等相互协调。所以，合理地进行建筑设备工程的设计、施工是保证建筑物高效发挥多功能的前提。建筑设备工程在建筑学的工民建专业中占有重要位置。

"建筑设备工程"是一门专业课。要求学生：主要掌握建筑设备工程技术的基本知识；了解和掌握建筑设备设施的功能和一般的设计原则，具有与建筑主体综合设计的能力；尤其是掌握建筑主体内各建筑设备施工的要求和方法，从而使整个建筑设计和工程达到经济、实用、多功能的要求。

第四节 建筑识图与建筑面积计算

一、建筑识图基础知识

（一）房屋建筑图的种类

1. 建筑施工图（建施图）

建筑施工图反映的是建筑物的规划位置、内外装修、构造及施工要求等。具体包含有首页（图纸目录、设计总说明）、总平面图、平面图、立面图、剖面图和详图。

2. 结构施工图（结施图）

结构施工图反映建筑物承重结构的布置、构件类型、材料、尺寸和构造作法等。具体包含有结构设计说明、基础图、结构布置平面图和构件详图。

3. 设备施工图（设施图）

设备施工图反映建筑物给水排水、采暖、通风、电器等设备的布置和施工要求等。具体包含有各设备的平面布置图、系统图和详图。

（二）读图注意事项

（1）按目录顺序（一般按"建施"—"结施"—"设施"的顺序排列）通读一遍，对建筑物有一个概括了解。

（2）读图时，应先整体后局部，先文字说明后图样，先图样后尺寸等原则依次仔细阅读。

（3）读图时，应特别注意各类图纸的表达重点和它们之间的内在联系。

（三）建筑总平面图的识图

1. 什么是总平面图

总平面图主要表示整个建筑基地的总体布局，具体表达新建房屋的位置、朝向以及周围环境（原有建筑、交通道路、绿化、地形）基本情况的图样。总平面图实际是一种示意图，它除了建筑轮廓、等高线等符合投影关系外，其他内容都是根据国家标准《总图制图标准》等中所规定的图例符号来表明的。总平面图是总体设计的产物，具有全局性的指导作用。如图2.4所示。

2. 总平面图的形成

将新建工程四周一定范围内的新建、拟建、原有和拆除的建筑物、构筑物连同其周围的地形、地物状况用水平投影方法和相应的图例所画出的工程图样，即为总平面图。

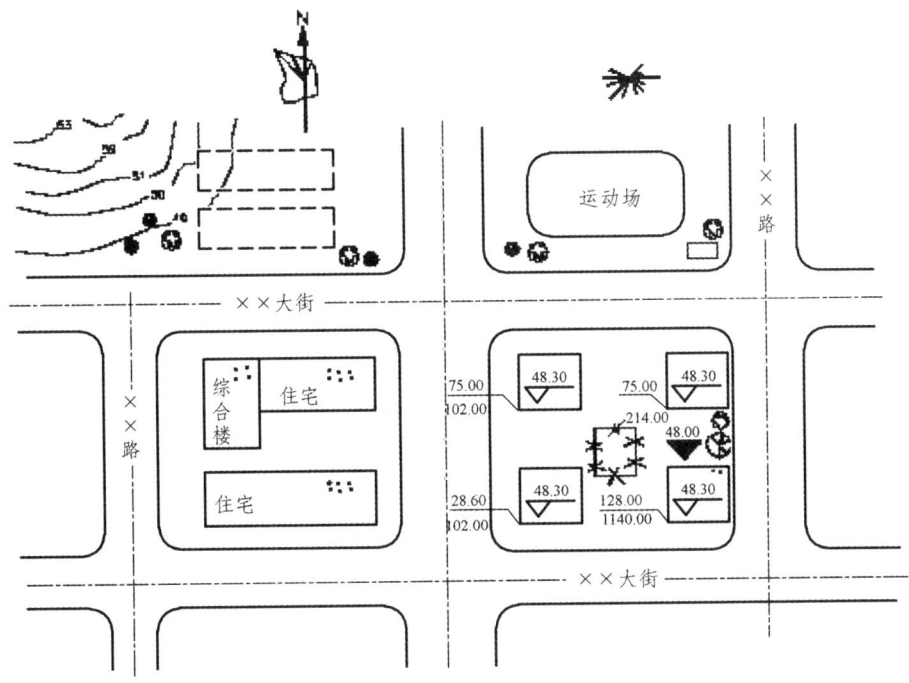

××住宅小区建筑总平面图

图 2.4　建筑总平面图示例

3. 总平面图的图示内容

- 图例与名称
- 建筑总平面图常用比例 1∶500、1∶1 000、1∶2 000
- 基地范围内的总体布局
- 确定新建房屋和拟建房屋的定位尺寸或坐标
- 标高
- 指北针或风向频率玫瑰图

如图 2.5、2.6 所示。

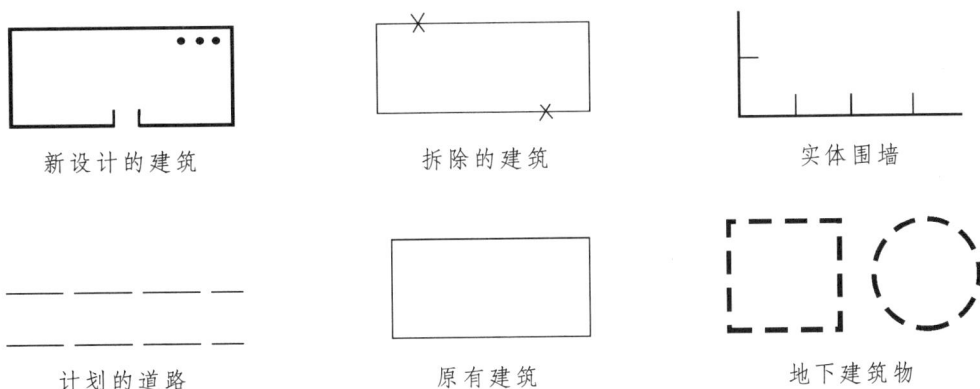

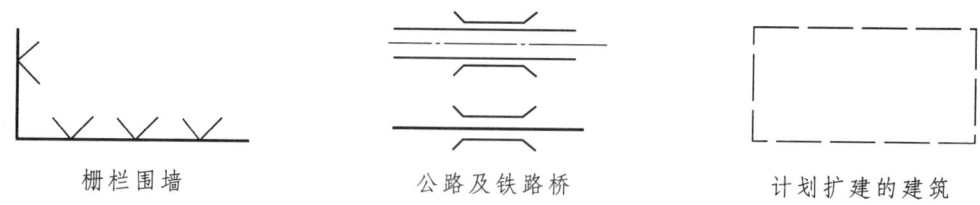

图 2.5 总平面图中的常用图例

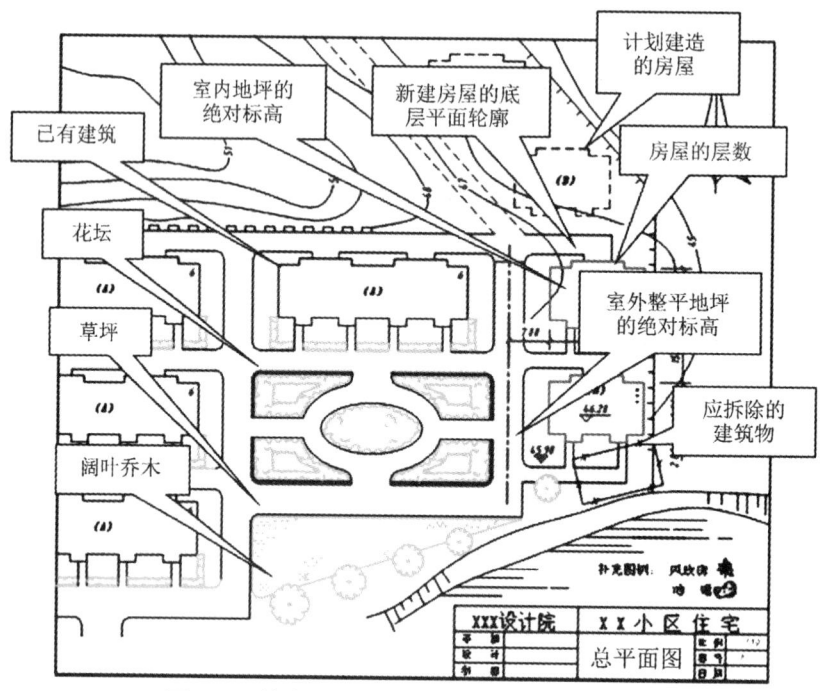

图 2.6 某小区住宅总平面图中的常用图例

（四）建筑平面图的识图

1. 什么是建筑平面图

建筑平面图，又可简称平面图，是将新建建筑物或构筑物的墙、门窗、楼梯、地面及内部功能布局等建筑情况，以水平投影方法和相应的图例所组成的图纸。

2. 建筑平面图的作用

较全面且直观地反映建筑物的平面形状大小、内部布置、内外交通联系、采光通风处理、构造做法等基本情况，是建施图的主要图纸之一，是概预算、备料及施工中放线、砌墙、设备安装等的重要依据。

3. 平面图的图示内容及表示方法

1）表达内容

房屋的平面形状及大小、内部分隔、房间大小、门窗、楼梯位置、大小、墙的厚度、房间内部布置等。

2）比　例

常用比例是 1∶100，1∶200，1∶50 等，必要时可用比例是 1∶150，1∶300 等。

3）平面图中的图线

粗实线——被水平切平面剖切到的墙、柱的断面轮廓。

中实线——被剖切到的次要部分的轮廓线和可见的构配件轮廓线，如墙身、窗台等。

中虚线——被剖切到的高窗、墙洞等。

细实线——尺寸标注线、引出线等。

细点画线——定位轴线和中心线。

示例如图 2.7 所示。

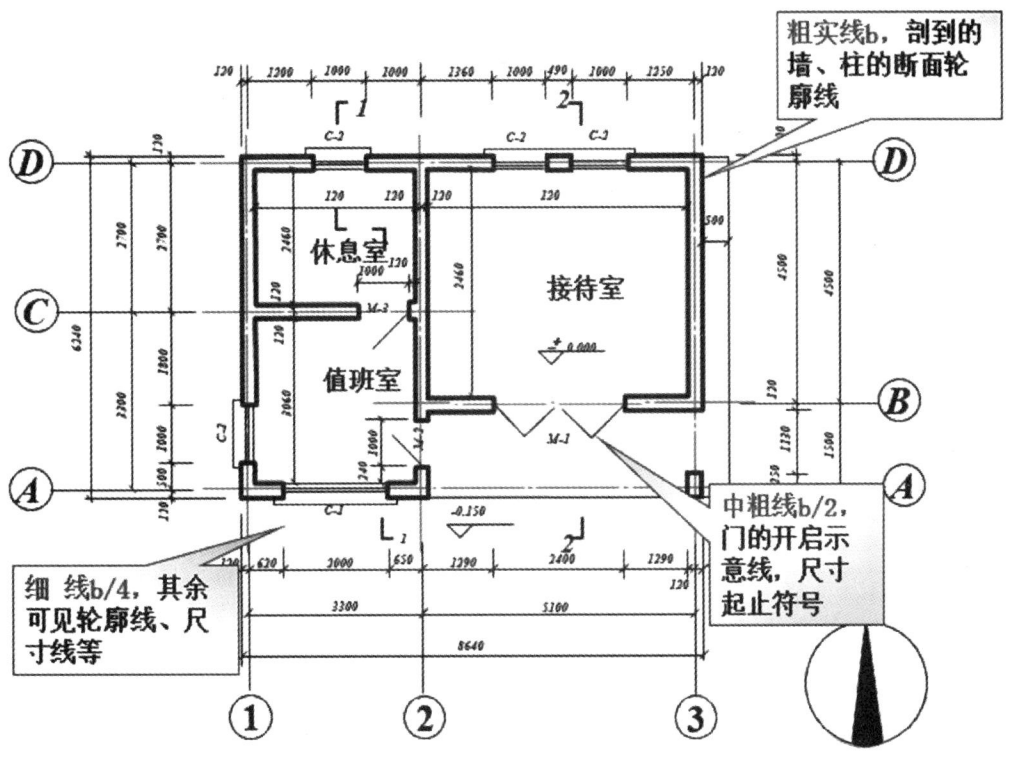

图 2.7　平面图示例（1∶100）

4．平面图的主要内容

平面图的主要内容可概括如下（并可按其顺序识读）：

（1）图名、比例。

（2）纵横定位轴线及其编号。

（3）各种房间的布置和分隔，墙、柱断面形状和大小。

（4）门、窗布置及其型号。

（5）楼梯梯段的走向。

（6）台阶、花坛、阳台、雨篷等的位置，盥洗间、厕所、厨房等固定设施的布置及雨水管、明沟等的布置。

（7）平面图的轴线尺寸，各建筑构配件的大小尺寸和定位尺寸及楼地面的标高、某些坡度及其下坡方向。

（8）剖面图的剖切位置线和投射方向及其编号，表示房屋朝向的指北针（这些仅在底层平面图中表示）。

（9）详图索引符号。

（10）施工说明等。

5．图例及代号、编号

窗：C1、C2 或 C-1、C-2 等。

门：M1、M2 或 M-1、M-2 等。

同一规格的门或窗均各编一个号，以便统计列门窗表。也有用标准图集中的门窗代号标注的，如 X—0924。如图 2.8 所示。

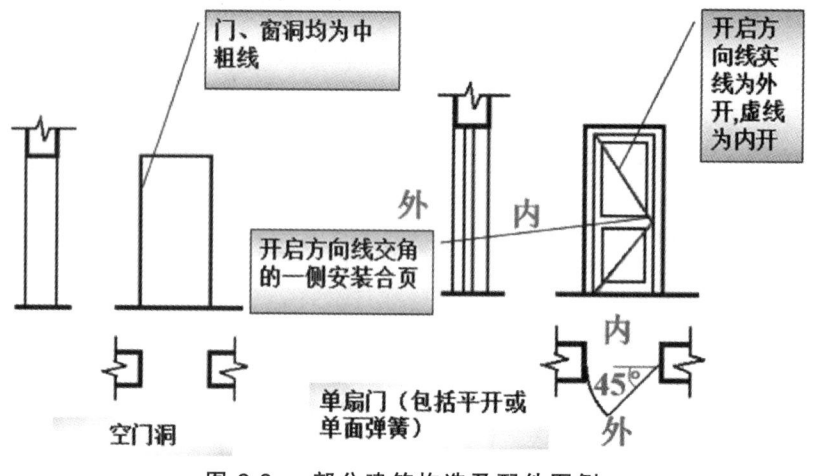

图 2.8　部分建筑构造及配件图例

6．建筑平面图的识读

（1）了解平面图的图名、比例。

（2）了解建筑的朝向。

（3）了解建筑的平面布置。

（4）了解建筑平面图上的尺寸。

（5）查阅建筑物墙体采用的材料，查阅时要结合设计说明阅读。

（6）查阅各部位的标高。

（7）核对门窗尺寸及樘数。

（8）阅读文字说明，查阅对施工及材料的要求。

建筑平面图如图 2.9 所示。

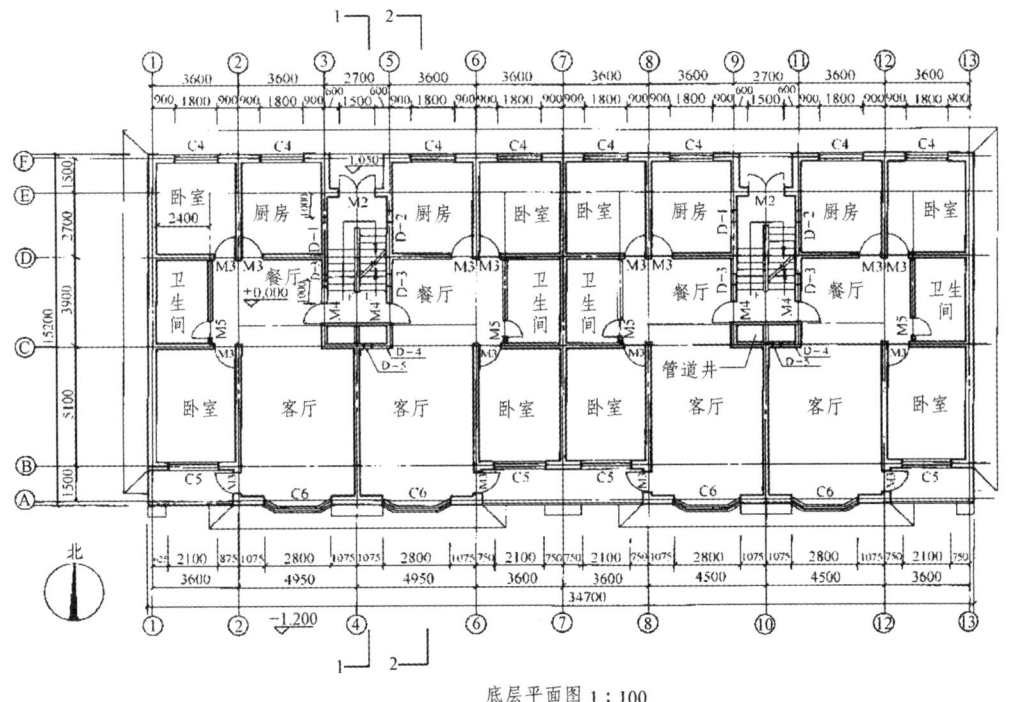

底层平面图 1:100

图 2.9　建筑平面图

（五）建筑立面图的识图

1. 什么是建筑立面图

在与建筑物立面平行的铅垂投影面上所作的投影图称为建筑立面图，简称立面图。建筑立面图是建筑各个方向外貌的正投影图，它主要用来表示建筑物的体型和外貌，并表明外墙面的装饰要求等。

2. 建筑立面图的形成、内容与命名

1）形　成

建筑立面图是建筑物外墙在平行于该外墙面的投影面上的正投影图。

2）表达内容

建筑立面图是用来表示建筑物的外貌，门窗、阳台雨篷、花池、勒脚等的形式和位置，墙面装修做法。

3）命　名

方法一：按房屋的朝向命名。

方法二：反映出入口为主立面图，其余分别为左、右、背立面图。

方法三：用定位轴线命名，如①～⑨立面图。

3. 建筑立面图的识读

（1）从正立面图上了解该建筑的外貌形状，并与平面图对照深入了解屋面、门窗、雨篷、台阶等细部形状及位置。

（2）从立面图上了解建筑的高度。
（3）了解建筑物的装修做法。
（4）了解立面图上的索引符号的意义。
（5）了解其他立面图。
（6）建立建筑物的整体形状。

立面图如图 2.10、2.11 所示。

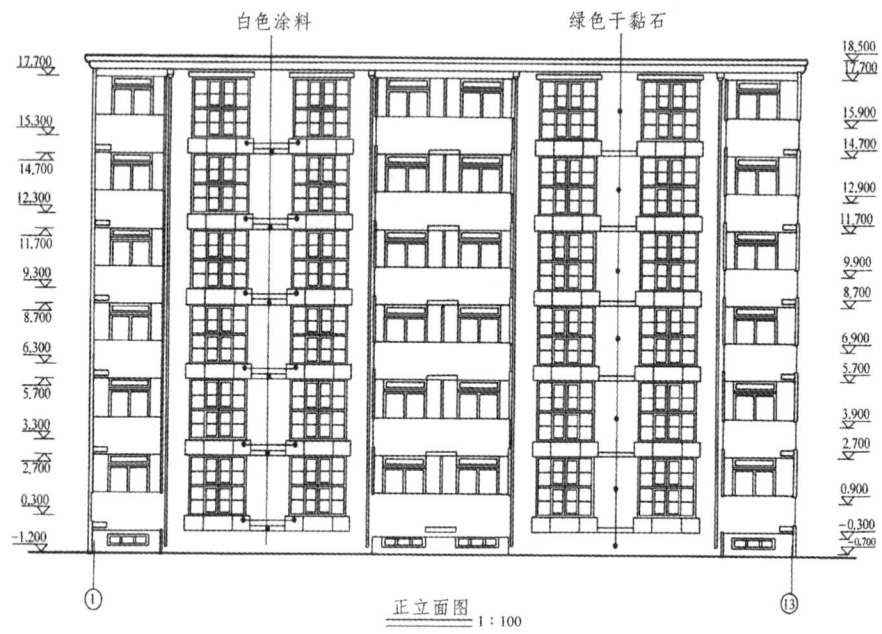

图 2.10　正立面图示例

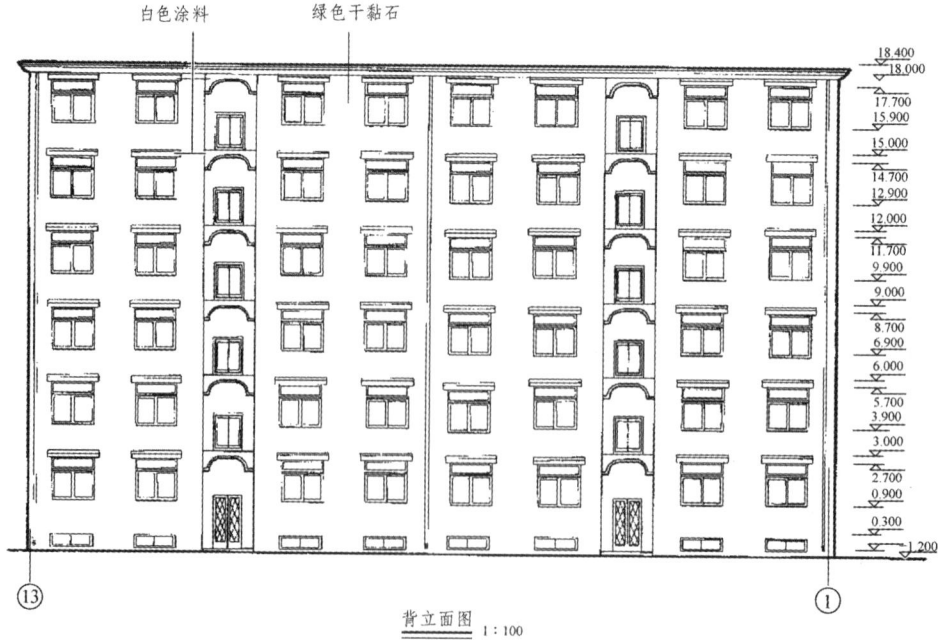

图 2.11　背立面图示例

（六）建筑剖面图的识图

1. 什么是建筑剖面图

建筑剖面图是假想用一个或多个垂直于外墙轴线的铅垂的剖切面将房屋剖开后所得到的投影图。通常用以表达建筑物内部垂直方向的高度、楼层分层、垂直空间的运用以及简要的结构形式和构造方式等情况。如图 2.12 所示。

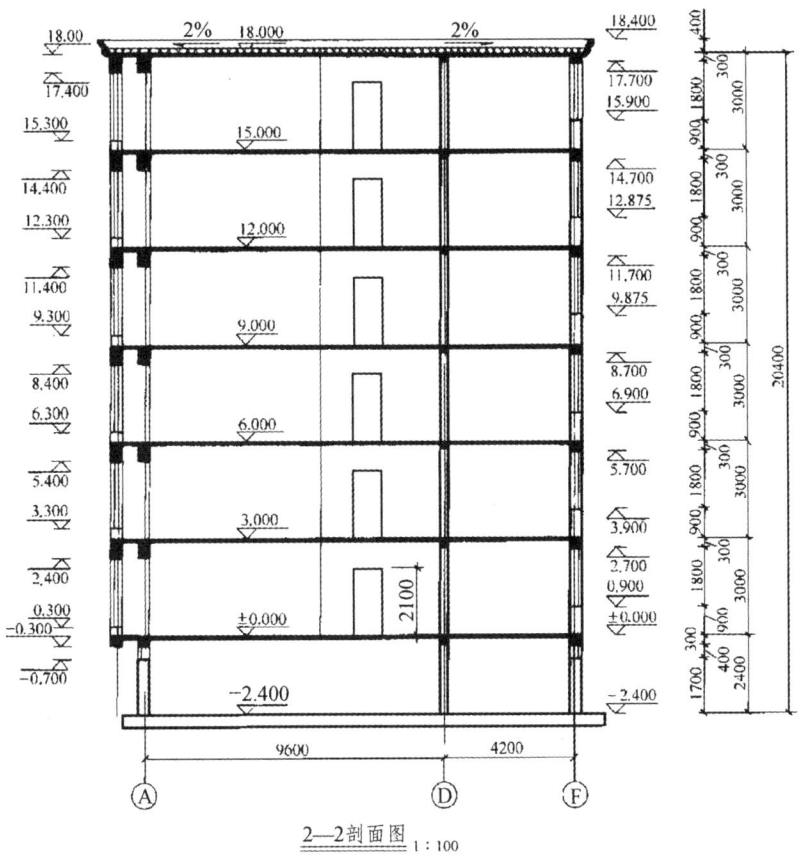

图 2.12 剖面图示例

2. 剖面图的识读

（1）先了解剖面图的剖切位置与编号。

（2）了解被剖切到的墙体、楼板和屋顶。

（3）了解可见的部分。

（4）了解剖面图上的尺寸标注。

二、建筑面积与建筑面积计算

1. 建筑面积的概念

建筑面积也称建筑展开面积，是指建筑物各层面积的总和。

建筑面积包括使用面积、辅助面积和结构面积。使用面积是指建筑物各层面积布置中可直接为生产或生活使用的净面积总和。居室净面积在民用建筑中也称居住面积。辅助面积是指建筑物各层平面布置中为生产或生活起辅助作用的净面积的总和。使用面积与辅助面积的总和为有效面积。结构面积是指建筑物各层平面布置中的墙体、柱等结构所占面积的总和。

2. 建筑面积的作用

（1）建筑面积是一项重要的技术经济指标，在国民经济一定时期内完成建筑面积的多少，也标志着一个国家的工农业生产发展状况、人民生活居住条件的改善和文化生活福利设施发展的程度。

（2）建筑面积在编制工程建设概预算时，是计算工程量或用于确定某些费用指标的基础。

（3）建筑面积是进行设计评价的重要指标。

（4）施工企业用每年开、竣工建筑面积表达其工作成果。

（5）建设单位要用建筑面积计算房屋折旧与收取房租和销售。

3. 建筑面积计算相关术语

（1）勒脚：建筑物外墙与室外地面接触部位的加厚墙体的部分。

（2）层高：上下相邻两层的楼面或楼面与地面之间的垂直距离。

（3）净高：室内楼面或地面至楼板底面的垂直距离。

（4）结构标高：结构设计图中所标注的标高。

（5）自然层：按楼板、地板结构分层的楼层。

（6）夹层、插层、技术层：建筑在房屋内部空间的局部层次，安插于上下两个正式楼层中间的附层。

（7）技术层：建筑物内专门用于设置管道、设备的楼层或地下层。

（8）围护结构：建筑物的底板（地面或楼板）、顶板（楼板或顶盖）和四周的墙体、门窗。

（9）外墙结构：不包括装饰层、保温隔热层、防潮层、保护墙等附加层厚度等外墙本身的结构。

（10）全地下室：地下室地面低于室外地坪面的高度超过该房间净高的1/2者。

（11）半地下室：房间地面低于室外地坪面的高度超过该房间净高的1/3，且不超过1/2者。

（12）变形缝：伸缩缝（温度缝）、沉降缝和抗震缝的统称。

4. 房屋建筑面积的有关计算

- 一套房屋的建筑面积=套内建筑面积+公摊面积。
- 套内建筑面积=1+3的一部分，即套内使用面积、阳台面积及墙体面积总和。其中套内使用面积是各房间使用面积的总和。如图2.13所示。

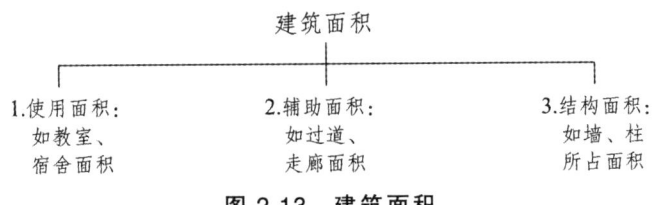

图 2.13　建筑面积

公摊面积=2+3 的一部分，是指每套（单元）商品房依法应当分摊的公用建筑面积，主要包括：电梯井、管道井、楼梯间、垃圾道、变电室、设备间、公共门厅、过道、地下室、值班警卫室等，以及为整栋楼服务的公共用房和管理用房的建筑面积（以水平投影面积计算），还有每套与公共建筑之间的分隔墙，以及外墙（包括山墙）水平投影面积一半的建筑面积。

5. 建筑面积计算规则

1）单层建筑物的建筑面积

单层建筑物的建筑面积，应按其外墙勒脚以上结构外围水平面积计算，并应符合下列规定：

单层建筑物高度在 2.20 m 及以上者应计算全面积；高度不足 2.20 m 者应计算 1/2 面积；利用坡屋顶内空间时净高超过 2.10 m 的部位应计算全面积；净高在 1.20 m 至 2.10 m 的部位应计算 1/2 面积；净高不足 1.20 m 的部位不应计算面积。

建筑面积的计算是以勒脚以上外墙结构外边线计算，勒脚是墙根部很矮的一部分墙体加厚，不能代表整个外墙结构，因此要扣除勒脚墙体加厚的部分。单层建筑物应按不同的高度确定其面积的计算。其高度指室内地面标高至屋面板板面结构标高之间的垂直距离。遇有以屋面板找坡的平屋顶单层建筑物，其高度指室内地面标高至屋面板最低处板面结构标高之间的垂直距离。

例 1：如图 2.14 单层建筑，勒脚厚 40 mm，墙体厚 240 mm，试计算其建筑面积 S。

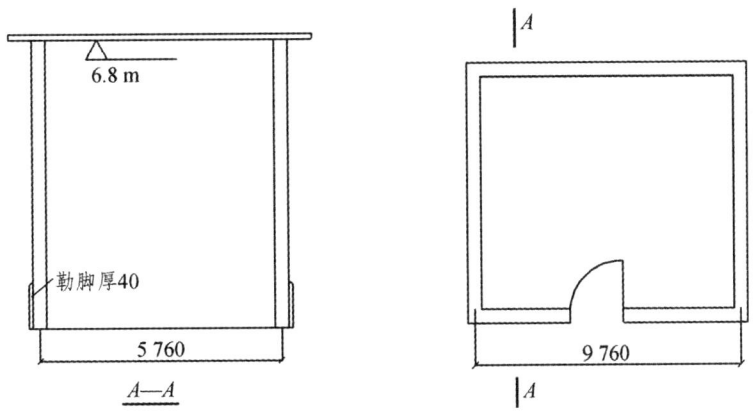

图 2.14　单层建筑面积

建筑面积 $S=(5.76+0.24)\times(9.76+0.24)=60$（$m^2$）

2）多层建筑物的建筑面积

多层建筑物建筑面积，按各层建筑面积之和计算，其首层建筑面积按外墙勒脚以上结构的外围水平面积计算；二层及二层以上按外墙结构的外围水平面积计算；层高在 2.2 m 及以上者应计算全面积；层高不足 2.2 m 者应计算 1/2 的面积。

多层建筑坡屋顶内和场馆看台下，当设计加以利用时，净高在 2.1 m 及以上者应计算全面积；层高不足 2.1 m 者应计算 1/2 的面积；当设计不利用或室内净高不足 1.2 m 时不应计算面积。

多层建筑物的建筑面积计算应按不同的层高分别计算。

例 2：已知一多层建筑如图 2.15 所示，试计算其建筑面积（图中单位：mm）。

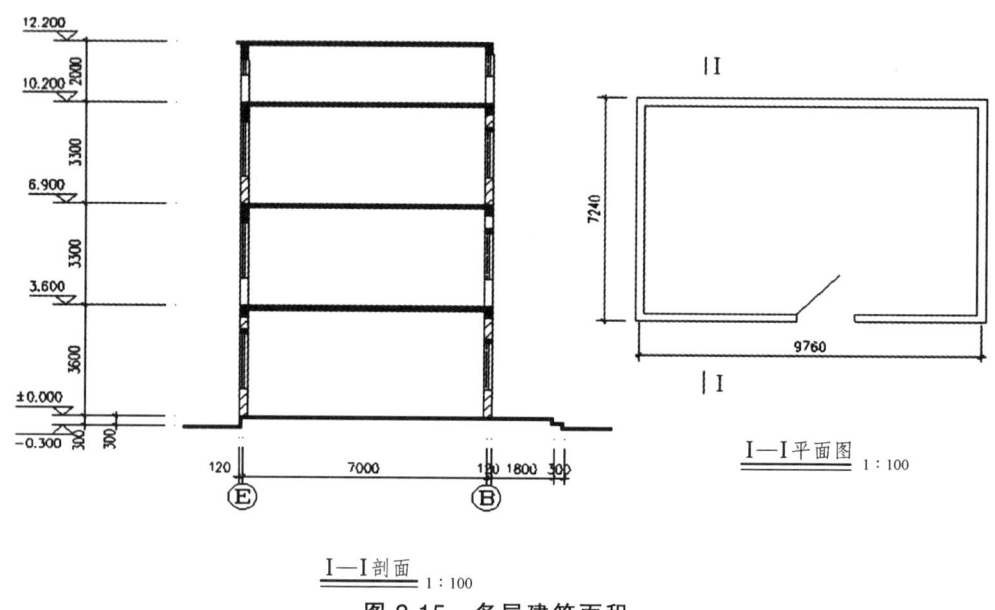

图 2.15 多层建筑面积

解：1~3 层层高均高于 2.2 m，应计算全面积，顶层层高不足 2.2 m，按一半计算建筑面积

$$S=7.24\times(9.76+0.24)\times3+7.24\times(9.76+0.24)\div2=253.4\ (m^2)$$

3）不计算建筑面积的范围（图 2.16）

（1）勒脚、附墙柱、垛、台阶、墙面抹灰、装饰面、镶贴块料面层、装饰性幕墙、空调室外机隔板（箱）、飘窗、构件、配件、宽度在 2.1 m 及以内的雨篷及与建筑物内不相连通的装饰性阳台、挑廊。

（2）无永久性顶盖的架空走廊、室外楼梯和用于检修、消防等的室外钢楼梯、爬梯、建筑物通道（骑楼、过街楼的底层）。

（3）建筑物内的设备管道夹层。

（4）建筑物内分隔的单层房间，舞台及后台悬挂幕布、布景的天桥、挑台等。

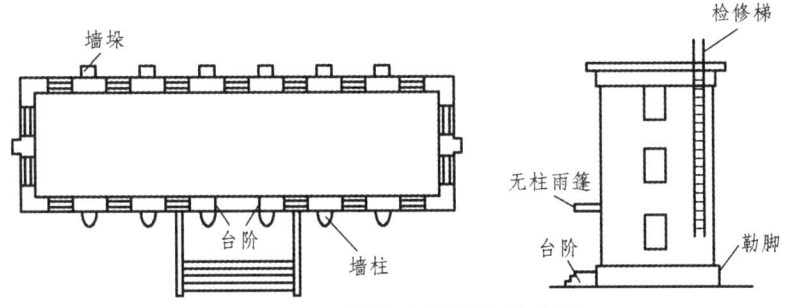

图 2.16　不计算建筑面积的范围

（5）屋顶水箱、花架、凉棚、露台、露天游泳池。
（6）建筑物内的操作平台、上料平台、安装箱和罐体平台。
（7）自动扶梯、自动人行道。
（8）独立烟囱、烟道、地沟、油（水）罐、气柜、水塔、储油（水）池、储仓、栈桥、地下人防通道、地铁隧道。

本章小结

本章主要对建筑的基础知识，包括建筑概述、建筑构造、建筑设备、建筑识图与建筑面积计算等内容进行了介绍，重点掌握建筑的分类与构造，建筑识图与建筑面积计算，熟悉建筑设备所包含的内容。

关键概念

建筑　建筑构造　建筑设备　建筑识图　建筑面积

第二章案例拓展

章节测试题

1. 建筑的分类有哪些？
2. 民用建筑的构造组成及作用是什么？
3. 如何进行建筑总平面图、平面图、立面图与剖面图的识读？
4. 一套房屋的建筑面积该如何计算？

第二章微课视频

案例分析与讨论

一对年轻夫妇准备买套新房，某楼盘售楼处销售人员小王热情地接待了这对夫妇，当小王在给他们介绍一套两室一厅套内 87 m² 朝南的居室时，这对夫妇问："套内 87 m² 包括这套房的墙体所占面积吗？"

请问销售人员小王应该怎样回答？一套房屋的建筑面积和套内面积分别包括哪几部分？

第三章
房地产法律法规和基本制度

第三章课件PPT

学习目标

通过本章的学习，了解我国房地产的法律法规体系，熟悉我国土地所有权和使用权基本制度，了解集体土地征收、国有土地上房屋征收的基本概念及征收补偿标准，熟悉土地出让和划拨的基本制度，掌握房地产交易的三种基本方式，并能够理解房地产法律法规及相关政策在确保房地产市场健康发展中所起的积极作用。

知识目标

1. 了解我国房地产三部法律及其主要内容。
2. 掌握我国土地所有权和使用权基本制度。
3. 掌握我国获取土地开发的几种方式。
4. 了解土地征收、城市拆迁等相关知识。

能力目标

1. 会运用房地产法律法规知识分析房地产市场的基本现象。
2. 能形成对我国房地产法律法规体系的基本认识。

案例导读

本月起，楼市连发两条新政，老房子、高层住宅双双被"打入冷宫"
2020年5月份的房地产市场，正在随着气温攀升而复苏。

以北京为例，目前北京二手房市场成交已恢复至2019年最高月度水平。中原地产数据显示，剔除网签数据滞后等因素，5月份北京二手房真实交易量有望达到1.8万套。

长三角的杭州也是一样，据《钱江晚报》报道，刚过去的4月，杭州市二手房月度成交量再度突破万套，环比3月上涨约63%。这还是2018年启动新房摇号政策后，杭州二手房市场首度成交量破万，到了5月份，根据记者探访的情况来看，中介带看人数大幅增加，甚至每天都要临时加客户看房。

此外，包括上海、深圳、广州、苏州、南京在内的强一二线城市，楼市回暖的速度均超出了人们的预期。

一二线楼市成交量的波动固然值得关注，却无法体现市场的全貌。

要知道，全国有几百个地市，几千个县城，遍布着形形色色的高楼大厦、老破小、次新房、小高层、多层房，大城市的房子受欢迎，并不代表整个市场的火爆。

事实上，进入5月份之后，楼市连续发出的两条新政，直接把全国大部分城市的老房子、高层住宅双双"打入冷宫"。比如，越盖越高的摩天大楼，将摁下暂停键。在人们欢度五一假期时，一则住建部等两部门发布的《关于进一步加强城市与建筑风貌管理的通知》刷屏了。

通知明确：严格限制各地盲目规划建设超高层"摩天楼"，一般不得新建500 m以上建筑，新建100 m以上建筑应充分论证、集中布局，与城市规模、空间尺度相适宜。

数据显示，全国一线城市第一季度的写字楼新增供应总量为44.8万平方米。但截至2020年一季度末，4个一线城市的甲级写字楼空置面积约为700万平方米，这大约是中国最高建筑上海中心大厦总面积的12倍，是上海环球金融中心总面积的18倍以上。

这只是写字楼的冰山一角，如果考虑到大量地市、县城新造的高层住宅，数字比我们想象的要更大。

《中国青年报》在5月13日的评论文章指出："有时候，退出一场竞赛比盲目参与竞争更需要智慧，所谓的摩天大楼崇拜即为一例"，这条新政"显示了为高度狂热降温、推动城市建筑重回理性时代的必要"。

诚如该篇评论所言，大量的三四线城市常年面临人口流出，明明新城区开发的土地遍地都是，却非要云集大量开发商进行"高楼比赛"，明明可以用多层住宅解决的问题，既宜居又美观，又不至于使住房空置，偏偏让大量的新城区沦为空置率高的"鬼城"。

高层住宅，是时候刹车了。

此外，"多校划片"的学区房新规开始普及，也值得我们关注。

在5月5日，《北京日报》报道称，今年"幼升小"，除近几年一直明确的过道房、车库房、空挂户等均不得作为入学条件外，城六区更是通过明确"六年一学位"，实施"多校划片"等措施，为"学区房"降温。

值得注意的是：西城区今年首次将"六年一学位"写进入学政策。

至此，北京六城区均明确提出"多校划片"方式入学。

新政实施后，一个小区对应多所小学、初中，大家全部打乱，由电脑派位。也就是说，就算你买了这个小区的房子，也不一定能上热点学校，很有可能被电脑派位到普通学校去。

这可是北京，这可是教育资源最稀缺的西城，连这样的地方都在实行多校划片，锁定学位,其他城市还会远吗?

多年以来,买学区房就能100%上名校,使大量的主城老破小房源衍生出比普通房源更高的溢价,少则50%,多则翻倍,哪怕房龄再老,小区再旧,似乎只要有名校学区加持,就能保证子女成才无碍,老破小也就此变成了"接棒投机"的游戏。

事实上,早在2015年4月,教育部点名24个重点大城市,要求其热点小学、初中的招生普遍推行多校划片制度。比如,天津各区采用的摇号方式是对口摇号方式,大多数对口的初中组合中,都是以"市重点/区重点+普通校"构成的,南京秦淮区和雨花台区实施了多校划片,其余如上海、重庆、沈阳、大连、长春、哈尔滨、杭州、宁波、厦门、济南、青岛等地都在推进当中。

在短短5月初的短短10天之内,这两条新政的推行,是比北京、杭州等地成交量大涨影响更深远的信号。原因很简单:遍地加盖的高层住宅、畸形高溢价的学区房,就此遭遇双重打击。

如果说"限高令"是给各地浮躁的"高楼风"以警示,让楼市里的产品更多元化,那么,多校划片从金字塔尖城市开始普及,意味着全国的学区房投资理念即将重估。

不再盲目建高楼,对中西部三四线城市影响尤甚,因为这些城市并不缺地,缺的是人口,未来多层、小高层楼房的供应出现井喷,必然会影响到以前大量建造的几十层高楼住宅的销售,持有小城市的高层住宅越多,未来房产变现的流动性就越差。

至于学区房新政的作用,将会在未来几年时间里逐步显现,类似京沪深及强省会的顶尖教育资源片区,虽然价格依旧会高高在上,但很难再重复过去那些年的热炒气氛。

连这些全国、全省知名的学区尚且存在"天花板"和不确定性,更不用提地市里的所谓"学区房源"了。

(资料来源:https://www.360kuai.com/pc/detail?url)

阅读以上案例,试论述案例中"限高令""学区房"的取消,将对当前的房地产市场产生哪些影响?

第一节 房地产法律、制度与政策概述

一、房地产法律制度的概念

房地产和房地产业涉及的社会面广、资金量大、产权关系复杂，特别需要法律法规的规范，以建立正常的房地产市场秩序，规范房地产市场，维护房地产权利人的正当权益。

中国房地产的法律法规体系的框架由法律、行政法规、部门规章、规范性文件和技术规范构成。其中，法律主要有 3 部，即《中华人民共和国城市房地产管理法》(1994年颁发，1995 年 1 月 1 日起实施，以下简称《城市房地产管理法》)、《中华人民共和国土地管理法》(1998年修订，1999年1月1日起实施，以下简称《土地管理法》《中华人民共和国城市规划法》1989 年颁布，1990 年 4 月 1 日起实施，以下简称《城市规范法》)。特别是《城市房地产管理法》，它的颁布实施标志着中国房地产业的发展迈进了法制管理的新时期，为依法管理房地产市场奠定了坚实的法律基础。这部法律不仅仅确立了中国房地产管理的基本原则，而且还为房地产开发用地、房地产开发、房地产交易、房地产权属登记等主要管理环节确立了一系列基本制度，做出了具体规定，内容十分丰富。

房地产行政法规是以国务院令颁布的，主要有:《城市房地产开发经营管理条例》《城市房屋拆迁管理条例》《土地管理法实施条例》《城镇国有土地使用权出让和转让暂行条例》《外商投资开发经营成片土地暂行管理办法》《城市私有房屋管理条例》《住房公积金管理条例》等。

房地产的部门规章是以建设部部长令颁布的，主要有:《城市房地产开发管理暂行办法》《城市开发企业资质管理办法》《城市房屋拆迁单位管理规定》《城市商品房预售管理办法》《城市商品房销售管理办法》《城市房地产转让管理规定》《城市房屋租赁管理办法》《城市房地产抵押管理办法》《城市房地产中介服务管理规定》《房地产估价师注册管理办法》《房产测绘管理办法》《城市房屋产权产籍管理暂行办法》《城市房屋权属登记管理办法》《城市新建住宅小区管理办法》《城市房屋修缮管理规定》《城市公有房屋管理规定》等。

规范性文件及技术规范，主要有:《房地产估价师执业资格制度暂行规定》《房地产估价师执业资格考试实施办法》《城市房地产市场评估管理暂行办法》《关于加强与银行贷款业务相关的房地产抵押和评估管理工作的通知》《关于房地产中介服务收费的通知》等多项规范性文件，以及国家标准《房地产估价规范》《房产测绘规范》等技术规范。

目前，房地产法律法规体系基本建立，房地产管理的主要环节均有法可依，为住宅建设和房地产业的健康发展创造了良好的上层建筑环境。

二、城市房地产管理法

（一）城市房地产管理法概述

1994年7月5日，第八届全国人大常委会通过了《中华人民共和国城市房地产管理法》，这是我国城市房地产管理的重要法律，为我国房地产管理的法制化奠定了坚实的基础。紧接着，国务院先后发布了一系列有关城市房地产管理的行政法规，包括《城镇国有土地使用权出让和转让暂行条例》（1990年）、《外商投资开发经营成片土地管理暂行办法》（1990年）、《土地管理法实施条例》（1998年）、《城市房地产开发经营管理条例》（1998年）等。

国务院房地产管理主管机关根据房地产管理法律、行政法规规定的权限，发布了一系列有关城市房地产管理的部门规章，不仅有助于完备我国房地产管理法律制度，而且在实践中对房地产开发经营活动的运作产生了重大的影响。这些规章有《城市房地产中介服务管理规定》（1996年制定，2001年修订）《房地产开发企业资质管理规定》（2000年）、《城市商品房预售管理办法》（2001年）、《城市房地产转让规定》（2001）、《城市房地产抵押管理办法》（2001年）、《城市房屋权属登记管理办法》（2001年）等。

（二）城市房地产管理法的主要内容

（1）房地产开发的概念和管理原则。
（2）房地产开发企业的设立。
（3）房地产开发的土地使用权出让与划拨。
（4）城市房地产交易管理。
（5）房地产的价格管理。
（6）房地产转让及其管理。
（7）房地产抵押及其管理。
（8）房屋租赁及其管理。
（9）房地产中介服务机构的管理。
（10）房地产权属登记管理。
（11）房地产的变更登记和抵押登记。
（12）违反城市房地产管理法的法律责任。

三、城市规划法知识

（一）城市规划法概述

1. 城市规划法的概念

城市规划法是调整城市规划的制定、实施和管理过程中各种经济社会关系的法律规范性文件。我国在认真总结1949年以来城市规划，特别是改革开放以来城市规划的经验和教训的前提下，认真借鉴国际上的相关经验，在原来《城市规划条例》等行政法规基础上，于1989年12月26日第七届全国人民代表大会常务委员会第十一次会议通过并以国家主席23号令的形式公布了《中华人民共和国城市规划法》（以下简称《城市规划法》），自1990年4月1日起施行。这是我国建设领域的第一部法律，它的颁布、实施标志着我国城市规划工作进入了法制化的新阶段。

城市规划法有广义和狭义之分。广义的城市规划法是以全国人大常委会颁布的《城市规划法》作为母法，以国务院颁布的城市规划方面的行政法规及城市规划主管部门制定的部门规章，再加上各地方城市制定的地方性法规、地方性规章共同构成城市规划法体系。狭义的城市规划法即指《城市规划法》。

《城市规划法》适用于国家按行政建制设立的直辖市、市、镇。这里所提的镇不包括使用"镇"一词命名的乡村和集镇。在城市规划区内进行建设的机关、单位和个人，都必须遵守《城市规划法》。城市规划区包括城市市区、近郊区、规划控制区即远离市区，但与城市生产、生活密切相关的城市水源地、机场、交通枢纽、电力、电信等主要基础设施的控制地段，以及作为城市一部分的风景名胜保护区和因城市建设发展需要，由城市政府实行统一规划控制的其他地区。

2. 城市规划、建设和发展的基本方针

（1）国家控制城市规模的方针。在《城市规划法》中明确规定："国家实行严格控制大城市规模、合理发展中等城市和小城市的方针，促进生产力和人口的合理布局。"

（2）城市规划与计划相结合的方针。这是城市规划的有效保证。一是城市的国民经济、社会发展计划要与城市规划互相衔接，互相协调；二是与城市有关的建设项目或建成后即将形成新城镇的项目，其立项、选址和布局必须符合城市规划要求；三是城市近期规划确定的建设项目，应当分期分批纳入城市年度建设计划。

（3）勤俭建设的方针。城市规划的制定和实施必须从我国国情的实际出发，勤俭建设。

（4）环境保护的方针。城市规划的制定和实施必须注意改善城市生活环境，防止污染和其他公害，加强绿化建设，保护优秀的历史文化遗产和自然风貌，创造优美、协调的城市景观，促进社会主义物质文明建设和精神文明建设的发展。

（5）方便市民生产、生活的方针。城市规划的制定和实施必须有利于生产、方便生活，要满足城市防火、防洪、抗震、治安、交通管理和人防建设的要求，保证城市的卫生与安全。

（6）合理利用土地的方针。城市规划的制定和实施必须珍惜、节约、合理利用城市的每寸土地，应当尽量利用荒地、劣地，少占有效耕地。

3. 城市规划的管理体制

《城市规划法》规定："国务院城市规划行政主管部门主管全国的城市规划工作，县级以上地方人民政府城市规划行政主管部门主管本行政区域内的城市规划工作。"国务院城市规划行政主管部门是指建设部，其主要职责包括：

研究制定全国城市发展战略以及城市规划的方针政策和法规；指导城市规划、城市勘察和市政工程测量工作，检查和监督城镇体系规划、城镇规划的编制和实施；负责城市总体规划的审查报批，会同国家文物局对历史文化名城进行审查报批；参与编制国土规划、区城规划和重大建设项目的选址工作。

县级以上地方人民政府城市规划主管部门是指省、市和县人民政府授权负责管理城市规划工作的部门，可以是城市规划局（处、科），也可以是其他部门，但原则上一个城市只应有一个规划行政主管部门。有不少大中城市的区、开发区、工程建设指挥部等，由于其行政级别属于县级以上，因此，也应作为一级城市规划的行政主管部门对待，其职责是负责本行政区的城市规划工作。

（二）城市规划法的主要内容

按照城市规划法的规定，城市规划一般分为总体规划和详细规划。前者是从宏观上控制城市土地利用和空间布局，引导城市合理发展的总体部署。后者是对城市总体规划的具体安排化，对城市近期建设区城的建设进行具体安排。

四、土地管理法

（一）土地管理法概况

1986年，第六届全国人大常委会第十六次会议通过了《中华人民共和国土地管理法》（以下简称《土地管理法》），该法全面调整土地的所有、占有、使用、管理、保护、利用等各种社会关系，它的实行标志着我国土地法律制度建设进入了一个新阶段，为保护土地资源，保障土地所有者、使用者合法权益，惩治破坏土地的行为提供了法律依据。为适应新的形势的发展需要，更好地贯彻该法，1988年12月又颁布了《关于修改〈中华人民共和国土地管理法〉的决定》，1991年1月，国务院发布了《土地管理法实施条例》。2004年8月，第十届全国人大常委会第十一次会议通过了《全国人大常委会关于修改〈中华人民共和国土地管理法〉的决定》。

（二）总　则

1. 坚持社会主义土地公有制的原则

生产资料公有制是社会主义社会与其他形态的社会相区别的显著标志。人民共和国实行土地的社会主义公有制，即全民所有制和劳动群众集体所有制。任何单位和个人不得侵占、买卖、出租或者以其他形式非法转让土地。

2. 统一管理全国土地的原则

国务院土地管理部门主管全国土地的统一管理工作。县级以上人民政府土地管理部门主管本行政区城内的土地的统一管理工作，机构设置由省、自治区、直辖市根据实际情况确定。乡级人民政府负责本行政区域的土地管理工作。

3．全面规划、因地制宜、合理利用的原则

全面规划、因地制宜是合理利用土地的前提。

4．珍惜土地、节约用地的原则

我国人多地少，耕地后备资源不足，珍惜土地，合理利用土地，切实保护耕地是我国的基本国策。各级人民政府应当采取措施，全面规划、严格管理、保护、开发土地资源，制止非法占用土地的行为。

（三）土地管理法的主要内容

（1）土地所有权和使用权。
（2）土地利用总体规划。
（3）耕地的保护。
（4）建设用地的征用与管理。

五、房地产政策与房地产法律法规之间的关系

房地产政策是国家宏观调控的有效手段之一，房地产市场自身的发展有一定的盲目性，只有国家采取一定的宏观调控，房地产市场才能有序地进行交易。而房地产法律法规是规范房地产市场的一个工具。房地产政策是指挥棒，房地产法律法规是框架，房地产交易者需在这个框架内完成交易。所以，房地产政策与房地产法律法规都是为了督促房地产市场科学有序运行的手段，只是各自的具体功能不同，两者相辅相成，缺一不可。

第二节　房地产基本制度

房地产的基本制度包括了建设用地制度、房屋拆迁管理制度和房地产交易制度。这些制度的发展经历了不同的阶段，呈现出不同特点。这些房地产的基本制度对于房地产的开发与利用、城市规划与分区利用、房地产交易等方面都具有非常重要的指导意义和现实意义。

一、建设用地制度

（一）土地制度概述

我国实行土地的社会主义公有制，即全民所有制和劳动群众集体所有制。全民所有，

即国家所有土地的所有权由国务院代表国家行使。城市市区的土地属于国家所有。农村和城市郊区的土地，除由法律规定属于国家所有的以外，属于农民集体所有；宅基地和自留地、自留山，属于农民集体所有。

下列土地属于全民所有即国家所有：

（1）城市市区的土地。

（2）农村和城市郊区中已经依法没收、征收、征购为国有的土地。

（3）国家依法征收的土地。

（4）依法不属于集体所有的林地、草地、荒地、滩涂及其他土地。

（5）农村集体经济组织全部成员转为城镇居民的，原属于其成员集体所有的土地。

（6）因国家组织移民、自然灾害等原因，农民成建制地集体迁移后不再使用的原属于迁移农民集体所有的土地。

土地使用权可以依法转让。任何单位和个人不得侵占、买卖或者以其他形式非法转让土地。国家为了公共利益的需要，可以依法对土地实行征收或者征用并给予补偿。国家依法实行国有土地有偿使用制度。但是，国家在法律规定的范围内划拨国有土地使用权的除外。国有土地有偿使用的方式包括国有土地使用权出让、租赁、作价出资或者入股等。

（二）集体土地征收

集体土地征收是指国家为公共利益的需要，通过法定程序，将原属于农民集体所有的土地征为国有的行为。土地征收方案依照法定程序批准后，由被征收土地所在地的市、县级人民政府予以公告并组织实施。被征收土地的所有权人、使用权人应在公告规定的期限内，持土地权属证书到公告指定的人民政府土地行政主管部门办理征地补偿登记。

1. 征收与征用的区别

十届人大二次会议通过的《中华人民共和国宪法》修正案中，将宪法第十条第三款"国家为了公共利益的需要，可以依照法律规定对土地实行征用"修改为："国家为了公共利益的需要，可以依照法律规定对土地实行征收或者征用并给予补偿。"为与《宪法》相适应，《土地管理法》也作出了相应的修改，第二条第四款修改为："国家为了公共利益的需要，可以依法对土地实行征收或者征用并给予补偿。"同时将原有的"征用"改为"征收"。

征收和征用的共同点在于强制性。征收和征用，均仅依政府依法作出的征收命令、征用命令而发生效力，无须征得被征收、被征用的单位和个人的同意。征收和征用的不同点是：征收的实质，是国家强行收买集体土地的所有权，意味着所有权性质的改变；征用的实质，是国家强行使用集体土地，使用完毕再返还原集体，并不改变所有权性质。

2. 征收补偿标准

征收土地的，按照被征收土地的原用途给予补偿。

征收耕地的补偿费用包括土地补偿费、安置补助费以及地上附着物和青苗的补偿费。

征收耕地的土地补偿费，为该耕地被征收前三年平均年产值的六至十倍。

征收耕地的安置补助费，按照需要安置的农业人口数计算。需要安置的农业人口数，按照被征收的耕地数量除以征地前被征收单位平均每人占有耕地的数量计算。每一个需要安置的农业人口的安置补助费标准，为该耕地被征收前三年平均年产值的四至六倍。但是，每公顷被征收耕地的安置补助费，最高不得超过被征收前三年平均年产值的十五倍。

征收其他土地的土地补偿费和安置补助费标准，由省、自治区、直辖市参照征收耕地的土地补偿费和安置补助费的标准规定。被征收土地上的附着物和青苗的补偿标准，由省、自治区、直辖市规定。如果支付的土地补偿费和安置补助费尚不能使需要安置的农民保持原有生活水平的，经省、自治区、直辖市人民政府批准，可以增加安置补助费。但是，土地补偿费和安置补助费的总和不得超过土地被征收前三年平均年产值的三十倍。国务院根据社会、经济发展水平，在特殊情况下，可以提高征收耕地的土地补偿费和安置补助费的标准。

征收城市郊区的菜地，用地单位应当按照国家有关规定缴纳新菜地开发建设基金。

3. 征收补偿的归属

土地补偿费归农村集体经济组织所有；地上附着物及青苗补偿费归地上附着物及青苗的所有者所有。征收土地的安置补助费必须专款专用，不得挪作他用。需要安置的人员由农村集体经济组织安置的，安置补助费支付给农村集体经济组织，由农村集体经济组织管理和使用；由其他单位安置的，安置补助费支付给安置单位；不需要统一安置的，安置补助费发放给被安置人员个人或者征得被安置人员同意后用于支付被安置人员的保险费用。

（三）国有土地使用权出让

建设用地使用权出让简称土地使用权出让，是指国家将国有土地使用权在一定年限内出让给土地使用者，由土地使用者向国家支付土地使用权出让金的行为。土地使用权出让金是指通过有偿有限期出让方式取得土地使用权的受让者，按照合同规定的期限，一次或分次提前支付的整个使用期间的地租。

1. 出让的含义

一般包括以下内容：

（1）土地使用权出让，也称批租或土地一级市场，由国家垄断，任何单位和个人不得出让土地使用权。

（2）经出让取得土地使用权的单位和个人，只有使用权，在使用土地期限内对土地拥有占有、使用、收益、处分权；土地使用权可以进入市场，可以进行转让、出租、抵押等经营活动，但地下埋藏物归国家所有。

（3）土地使用者只有向国家支付了全部土地使用权出让金后才能领取土地使用权证书。

（4）集体土地不经征收不得出让。

（5）土地使用权出让是国家以土地所有者的身份与土地使用者之间关于权利义务的经济关系，具有平等、自愿、有偿、有期限的特点。

2. 国有使用权出让年限

土地使用权出让最高年限按下列用途确定：

（1）居住用地七十年。

（2）工业用地五十年。

（3）教育、科技、文化、卫生、体育用地五十年。

（4）商业、旅游、娱乐用地四十年。

（5）综合或者其他用地五十年。

3. 建设用地使用权出让方式

（1）协议。协议出让国有土地使用权，是指政府作为土地所有者（出让人）与选定的受让方磋商用地条件及地价款，达成协议并签订土地使用权出让合同，有偿出让土地使用权的行为。

（2）招标。招标出让国有建设用地使用权，是指市、县人民政府国土资源行政主管部门（以下简称出让人）发布招标公告，邀请特定或者不特定的自然人、法人和其他组织参加国有建设用地使用权投标，根据投标结果确定国有建设用地使用权人的行为。

（3）拍卖。拍卖出让国有建设用地使用权，是指出让人发布拍卖公告，由竞买人在指定时间、地点进行公开竞价，根据出价结果确定国有建设用地使用权人的行为。

（4）挂牌。挂牌出让国有建设用地使用权，是指出让人发布挂牌公告，按公告规定的期限将拟出让宗地的交易条件在指定的土地交易场所挂牌公布，接受竞买人的报价申请并更新挂牌价格，根据挂牌期限截止时的出价结果或者现场竞价结果确定国有建设用地使用权人的行为。

4. 土地使用权中止

土地使用权因土地使用权出让合同规定的使用年限届满、提前收回及土地灭失等原因而终止。土地使用权期满，土地使用权及其地上建筑物、其他附着物所有权由国家无偿取得。土地使用者应当交还土地使用证，并依照规定办理注销登记。

土地使用权期满，土地使用者可以申请续期。需要续期的，应当重新签订合同，支付土地使用权出让金，并办理登记。

国家对土地使用者依法取得的土地使用权不提前收回。在特殊情况下，根据社会公众利益的需要，国家依照法律程序提前收回，并根据土地使用者已使用的年限和开发、利用土地的实际情况给予相应的补偿。

（四）国有土地使用权划拨

土地使用权划拨，是指县级以上人民政府依法批准，在土地使用者缴纳补偿、安置等费用后将该幅土地交付其使用，或者将土地使用权无偿交付给土地使用者使用的行为。

1. 划拨土地使用权的含义

第一,划拨土地使用权包括土地使用者缴纳拆迁安置、补偿费用(如城市的存量土地和征用集体土地)和无偿取得(如国有的荒山、沙漠、滩涂等)两种形式。不论是何种形式,土地使用者均无须缴纳土地使用权出让金。

第二,除法律、法规另有规定外,划拨土地没有使用期限的限制,但未经许可不得进行转让、出租、抵押等经营活动。

第三,取得划拨土地使用权,必须经有批准权的人民政府核准并按法定的工作程序办理手续。

2. 划拨土地的范围

建设单位使用国有土地,应当以出让等有偿使用方式取得。但是,下列建设用地经县级以上人民政府依法批准,可以以划拨方式取得:

1)国家机关用地和军事用地

国家机关用地,是指行使国家职能的各种机关用地的总称,包括国家权力机关、国家行政机关、国家审判机关、国家检察机关和国家军事用地机关的用地。军事用地,指军事设施用地,包括下列建筑、场地和设施用地:指挥机关、地面和地下的指挥工程、作战工程;军用机场、港口、码头;营区、训练场、试验场;军用洞库、仓库;军用通信、侦察、导航、观测台和测量、导航标志;军用公路、铁路专用线、军用通信、输电线路、军用输油、输水管道;国务院和中央军事委员会规定的其他军事设施。

2)城市基础设施用地和公益事业用地

前者包括城市给水、排水、污水处理、供电、通信、煤气、热力、道路、桥涵、市内公共交通、园林绿化、环境卫生以及消防、路标、路灯等设施用地;后者则是指市内的各种学校、医院、体育场馆、图书馆、文化馆、幼儿园、托儿所、体育院、敬老院、防疫站、教育、卫生、体育事业等用地。

3)国家重点扶持的能源、交通、水利等基础设施用地

国家重点扶持的能源、交通、水利等项目用地,是指中央投资、中央和地方共同投资、中央和地方共同引进外资以及其他投资者投资、国家采取各种优惠政策重点扶持的煤炭、石油、天然气、电力等能源项目用地,港口、铁路、交通项目用地,水利、排水和水力发电工程等项目用地。

4)法律、行政法规规定的其他用地

3. 划拨土地使用权的收回

以下情况可以收回划拨土地使用权:

(1)无偿取得划拨土地使用权的土地使用者,因迁移、解散、撤销、破产或者其他原因而停止使用土地的,市、县人民政府应当无偿收回其划拨土地使用权。

(2)对划拨土地使用权,市、县人民政府根据城市建设发展需要和城市规划的要求,可以无偿收回。

(3)无偿收回划拨土地使用权时,对其地上建筑物、其他附着物,市、县人民政府

应当根据实际情况给予适当补偿。

（五）闲置土地

闲置土地，是指国有建设用地使用权人超过国有建设用地使用权有偿使用合同或者划拨决定书约定、规定的动工开发日期满一年未动工开发的国有建设用地。

1. 闲置土地的范围

具有下列情形之一的，也可以认定为闲置土地：

第一，国有土地有偿使用合同或者建设用地批准书未规定动工开发日期，自国有土地有偿使用合同生效或者土地行政主管部门建设用地批准书颁发之日起满一年未动工开发建设的。

第二，已动工开发建设但开发建设的面积占应动工开发建设总面积不足三分之一或者已投资额不足25%且未经批准中止开发建设连续满一年的。

第三，法律、行政法规规定的其他情形。

2. 闲置土地的处理

闲置土地按照下列方式处理：

第一，未动工开发满一年的，由市、县国土资源主管部门报经本级人民政府批准后，向国有建设用地使用权人下达《征缴土地闲置费决定书》，按照土地出让或者划拨价款的百分之二十征缴土地闲置费。土地闲置费不得列入生产成本。

第二，未动工开发满两年的，由市、县国土资源主管部门按照《中华人民共和国土地管理法》第三十七条和《中华人民共和国城市房地产管理法》第二十六条的规定，报经有批准权的人民政府批准后，向国有建设用地使用权人下达《收回国有建设用地使用权决定书》，无偿收回国有建设用地使用权。闲置土地设有抵押权的，同时抄送相关土地抵押权人。

二、城市房屋拆迁管理制度与政策

（一）房屋的征收与补偿概述

房屋的征收与补偿是指国家为了公共利益的需要，将国有土地上单位或个人的房屋所有权转移给国家，并对被征收房屋所有权人（即被征收人）给予公平补偿的行为。

房屋的"征收"二字起源于"拆迁"。2011年1月19日，国务院审议并原则通过了《国有土地上房屋征收与补偿条例（草案）》，删去了旧有条例《城市房屋拆迁管理条例》中令人敏感的"拆迁"，代之以"征收"。同时规定，对被征收房屋价值的补偿，不得低于类似房地产的市场价格。在《国有土地上房屋征收与补偿条例》正式发布的同时，《城市房屋拆迁管理条例》同时废止，"拆迁"二字终于被彻底摒弃。由"拆迁"改为"征收"意味着政府的立法朝"保护合法私有财产"这一目标迈出了关键性的一步，成为防止地方政府以粗暴的拆迁获得公民的私有财产的法律利器。

（二）房屋征收补偿的内容

作出房屋征收决定的市、县级人民政府对被征收人给予的补偿包括以下内容。

1. 被征收房屋价值的补偿

对被征收房屋价值的补偿，不得低于房屋征收决定公告之日被征收房屋类似房地产的市场价格。被征收房屋的价值，由具有相应资质的房地产价格评估机构按照房屋征收评估办法评估确定。房地产价格评估机构由被征收人协商选定；协商不成的，通过多数决定、随机选定等方式确定，具体办法由省、自治区、直辖市制定。

被征收人可以选择货币补偿，也可以选择房屋产权调换。

被征收人选择房屋产权调换的，市、县级人民政府应当提供用于产权调换的房屋，并与被征收人计算、结清被征收房屋价值与用于产权调换房屋价值的差价。

2. 因征收房屋造成的搬迁、临时安置的补偿

因征收房屋造成搬迁的，房屋征收部门应当向被征收人支付搬迁费；选择房屋产权调换的，产权调换房屋交付前，房屋征收部门应当向被征收人支付临时安置费或者提供周转用房。

3. 因征收房屋造成的停产停业损失的补偿

对因征收房屋造成停产停业损失的补偿，根据房屋被征收前的效益、停产停业期限等因素确定。具体办法由省、自治区、直辖市制定。

三、房地产交易管理制度与政策

（一）房地产交易概述

房地产交易，是指房地产的转让、租赁、抵押等经济活动及起到保障作用的住房公积金制度。

房地产转让，是指房地产权利人通过买卖、赠与或者其他合法方式将其房地产转移给他人的行为。在房地产转让过程中，遵循房随地走、地随房走的基本原则，即在房地产转让过程中，地上的房屋随着土地的转让而同时发生权属的变更，同样的道理，房屋的转让也导致土地的使用权发生了转移。

房地产租赁，是指不转移房屋的所有权，而把房屋的使用权在一定的时间内进行转让并获取收益的行为。

房地产抵押，是指抵押人以其合法的房地产以不转移占有的方式向抵押权人提供债务履行担保的行为。债务人不履行债务时，债权人有权依法以抵押的房地产拍卖所得的价款优先受偿。

住房公积金，是指国家机关、国有企业、城镇集体企业、外商投资企业、城镇私营

企业及其他城镇企业、事业单位、民办非企业单位、社会团体及其在职职工缴存的长期住房储金。

（二）房地产的买卖

房地产的买卖包括了房屋的预售、现售两种情况。房屋的预售是指在房屋还没有建成的时候，开发商为了回笼资金，提前将房屋的产权进行销售，承诺在未来一定时期内将房屋建成并交付使用并由购房者支付定金或房价款的行为。购房者此时买到的也仅仅是一纸承诺，俗称买"期房"或买"楼花"。而房屋的现售则是将建成后的房屋进行销售，包括了一手房的销售和二手房的销售活动。一手房的销售是指开发商在拿到地以后进行房屋的开发，在房屋通过竣工验收后首次将房屋进行销售，二手房销售则是在此基础上再次从房屋的购买者手中进行转售的行为。

1. 商品房的预售

商品房预售，应当符合下列条件：

（1）已交付全部土地使用权出让金，取得土地使用权证书。

（2）持有建设工程规划许可证。

（3）按提供预售的商品房计算，投入开发建设的资金达到工程建设总投资的百分之二十五以上，并已经确定施工进度和竣工交付日期。

（4）向县级以上人民政府房产管理部门办理预售登记，取得商品房预售许可证明。

开发商应当按照国家有关规定将预售合同报县级以上人民政府房产管理部门和土地管理部门登记备案。商品房预售所得款项，必须用于有关的工程建设。

2. 商品房的现售

商品房现售，应当符合以下条件：

（1）现售商品房的房地产开发企业应当具有企业法人营业执照和房地产开发企业资质证书。

（2）取得土地使用权证书或者使用土地的批准文件。

（3）持有建设工程规划许可证和施工许可证。

（4）已通过竣工验收。

（5）拆迁安置已经落实。

（6）供水、供电、供热、燃气、通信等配套基础设施具备交付使用条件，其他配套基础设施和公共设施具备交付使用条件或者已确定施工进度和交付日期。

（7）物业管理方案已经落实。

3. 商品房销售方式及面积误差处理

1）商品房面积销售方式

商品房销售可以按套（单元）计价，也可以按套内建筑面积或者建筑面积计价。商品房建筑面积由套内建筑面积和分摊的共有建筑面积组成，套内建筑面积部分为独立产权,分摊的共有建筑面积部分为共有产权,买受人按照法律、法规的规定对其享有权利,承担责任。按套(单元)计价或者按套内建筑面积计价的,商品房买卖合同中应当注明建筑面积和分摊的共有建筑面积。

$$房屋建筑面积 = 房屋套内建筑面积 + 公摊面积$$

$$房屋的套内建筑面积 = 房屋使用面积(地毯面积) + 墙体面积 + 阳台面积$$

2)面积误差处理

按套(单元)计价的预售房屋,房地产开发企业应当在合同中附所售房屋的平面图。平面图应当标明详细尺寸,并约定误差范围。房屋交付时,套型与设计图纸一致,相关尺寸也在约定的误差范围内,维持总价款不变;套型与设计图纸不一致或者相关尺寸超出约定的误差范围,合同中未约定处理方式的,买受人可以退房或者与房地产开发企业重新约定总价款。买受人退房的,由房地产开发企业承担违约责任。

按套内建筑面积或者建筑面积计价的,当事人应当在合同中载明合同约定面积与产权登记面积发生误差的处理方式。合同未作约定的,按以下原则处理:

第一,面积误差比绝对值在3%以内(含3%)的,据实结算房价款。

第二,面积误差比绝对值超出3%时,买受人有权退房。买受人退房的,房地产开发企业应当在买受人提出退房之日起30日内将买受人已付房价款退还给买受人,同时支付已付房价款利息。买受人不退房的,产权登记面积大于合同约定面积时,面积误差比在3%以内(含3%)部分的房价款由买受人补足;超出3%部分的房价款由房地产开发企业承担,产权归买受人。产权登记面积小于合同约定面积时,面积误差比绝对值在3%以内(含3%)部分的房价款由房地产开发企业返还买受人,绝对值超出3%部分的房价款由房地产开发企业双倍返还买受人。

(三)房地产的租赁

房地产的租赁涉及两个行为主体,即出租人和承租人。出租人是指拥有房屋所有权的行为人,承租人是指在出租过程中,实际占用房屋的行为人。出租人在出租过程中让渡的只是房屋一定时期内的使用权,而非所有权。

1. 不得出租的房屋范围

有下列情形之一的房屋不得出租:

(1)属于违法建筑的。

(2)不符合安全、防灾等工程建设强制性标准的。

(3)违反规定改变房屋使用性质的。

(4)法律、法规规定禁止出租的其他情形。

出租住房的,应当以原设计的房间为最小出租单位,人均租住建筑面积不得低于当地人民政府规定的最低标准。厨房、卫生间、阳台和地下储藏室不得出租供人员居住。

2. 双方的权利和义务

（1）出租人应当按照合同约定履行房屋的维修义务并确保房屋和室内设施安全。未及时修复损坏的房屋，影响承租人正常使用的，应当按照约定承担赔偿责任或者减少租金。

（2）房屋租赁合同期内，出租人不得单方面随意提高租金水平。

（3）承租人应当按照合同约定的租赁用途和使用要求合理使用房屋，不得擅自改动房屋承重结构和拆改室内设施，不得损害其他业主和使用人的合法权益。

（4）承租人因使用不当等原因造成承租房屋和设施损坏的，承租人应当负责修复或者承担赔偿责任。

（5）承租人转租房屋的，应当经出租人书面同意。承租人未经出租人书面同意转租的，出租人可以解除租赁合同，收回房屋并要求承租人赔偿损失。

（6）房屋租赁期间出租人出售租赁房屋的，应当在出售前合理期限内通知承租人，承租人在同等条件下有优先购买权。

（四）房地产的抵押

在房地产项目的开发和销售活动中经常会涉及房地产的抵押行为。开发商在项目的开发建设活动当中，为取得在建工程继续建造资金的贷款，以其合法方式取得的土地使用权连同在建工程的投入资产，以不转移占有的方式抵押给贷款银行作为偿还贷款履行担保的行为称为在建工程抵押。购房人在支付首期规定的房价款后，由贷款银行代其支付其余的购房款，将所购商品房抵押给贷款银行作为偿还贷款履行担保的行为称之为商品房贷款抵押。

在房地产的抵押过程中，主要涉及两个行为主体：抵押人和抵押权人。抵押人是指将依法取得的房地产提供给抵押权人，作为本人或者第三人履行债务担保的公民、法人或者其他组织。抵押权人，是指接受房地产抵押作为债务人履行债务担保的公民、法人或者其他组织。

1. 不得抵押的房地产范围

下列房地产不得设定抵押：

（1）权属有争议的房地产。

（2）用于教育、医疗、市政等公共福利事业的房地产。

（3）列入文物保护的建筑物和有重要纪念意义的其他建筑物。

（4）已依法公告列入拆迁范围的房地产。

（5）被依法查封、扣押、监管或者以其他形式限制的房地产。

（6）依法不得抵押的其他房地产。

2. 房地产按揭贷款

1）按揭贷款的涵义

按揭贷款也叫抵押加阶段性保证贷款。即银行在为借款人提供住房贷款时，需以借款人所购买的住房做抵押，但是在该住房的房屋所有权证和抵押登记手续办妥之前，须由售房人（房地产开发公司）为借款人提供阶段性的保证。待售房人（房地产开发公司）为购房人办妥房屋产权所有证后，办理抵押登记手续，将"房屋他项权证"交银行作为对购房人放款抵押的贷款方式。

目前所使用的按揭，一般指个人购置商品房抵押贷款。按揭作为担保的法律关系为：在项目的期房预售合同中，买方支付一部分楼价款给卖方，其余房价款买方通过金融机构贷款支付给卖方。在房产证办理完毕之前，由卖方通过协议将买方对期房的期权让与给金融机构作为取得金融机构贷款的担保。待房产证办理完毕之后，卖方解除担保，买方将依合同取得期房的期权让与给银行作为偿还贷款的担保。买方还清所有贷款本金及利息后能优先获得赔偿。可将期权赎回，取得房产证。如果买方在贷款期限内违约，或不能偿还贷款，银行有权处分按揭楼宇并能优先获得赔偿。

2）按揭贷款办理所需资料

个人办理房屋按揭贷款要交的资料有：

第一，申请人和配偶的身份证、户口原件及复印件3份（如申请人与配偶不属于同一户口的需另附婚姻关系证明）。

第二，购房协议书正本。

第三，房价30%或以上预付款收据原件及复印件各1份。

第四，申请人家庭收入证明材料和有关资产证明等，包括工资单、个人所得税纳税单、单位开具的收入证明、银行存单等。

第五，开发商的收款账号1份。

3）按揭贷款购房程序

第一，选择房产。

购房者在进行房屋的购买时，应从房地产项目的广告或楼盘销售人员处了解该物业是否能够办理按揭贷款，确认开发商与银行存在长期的按揭合作关系，以保证未来贷款能够顺利实施。

第二，贷款申请。

购房者在确认自己选择的房产得到银行按揭支持后，应向银行或银行指定的律师事务所了解银行关于购房者获得按揭贷款支持的规定，准备有关法律文件，填报《按揭贷款申请书》。

第三，签订购房合同。

银行收到购房者递交的按揭申请有关法律文件，经审查确认购房者符合按揭贷款的条件后，发给购房者同意贷款通知或按揭贷款承诺书。购房者即可与开发商或其代理商签订《商品房预售、销售合同》。

第四，签订楼宇按揭合同。

购房者在签订购房合同，并取得交纳房款的凭证后，持银行规定的有关法律文件与发展商和银行签订《楼宇按揭抵押贷款合同》，明确按揭贷款数额、年期、利率、还款方式及其他权利义务。

第五，办理抵押登记、保险。

购房者、发展商和银行持《楼宇按揭抵押贷款合同》及购房合同到房地产管理部门办理抵押登记备案手续。对期房，在竣工后应办理变更抵押登记。在通常情况下，由于按揭贷款期间相对较长，银行为防范贷款风险，要求购房者申请人寿、财产保险。购房者购买保险，应列明银行为第一受益人，在贷款履行期内不得中断保险，保险金额不得少于抵押物的总价值。在贷款本息还清之前，保险单交由银行执管。

第六，开立专门还款账户。

购房者在签订《楼宇按揭抵押贷款合同》后，按合同约定，在银行指定的金融机构开立专门还款账户，并签订授权书，授权该机构从该账户中支付银行与按揭贷款合同有关的贷款本息和欠款。银行在确认购房者符合按揭贷款条件，履行《楼宇按揭抵押贷款合同》约定义务，并办理相关手续后，一次性将该贷款划入发展商在银行开设的银行监管账户，作为购房者的购房款。

第七，还款实施。

购房者按照《楼宇按揭抵押贷款合同》中的还款相关规定，定期将每月应还房款存入指定的账户进行还款即可。

在按揭实施过程当中，还款的方式多种多样，包括等额本息还款、等额本金还款、等额递增还款、等额递减还款、按期付息还款、到期还本等多种形式。但从目前来看有以下几种方式。第一，等额本息还款法。等额本息还款法，即贷款客户每月以相等的金额偿还贷款本息，又称等额法。等额本息的每月还款数额一样，客户还款简单方便。这种方式适用于现期收入少，预期收入将稳定增加的借款人，或预算清晰的人士和收入稳定的人士。第二，等额本金还款法。即借款人每月等额偿还本金，贷款利息随本金逐月递减，还款额逐月递减。若要提前还贷，这种方式不仅归还的本金多，利息也少。适用于现在收入处于高峰期的人士，特别是预期以后收入会减少或是家庭经济负担会加重的。第三，等额递增还款法。以等额本息为基础，每次间隔固定时间，还款额便增加一个固定金额的还款方式。此种还款方式适用于当前收入较低，但收入曲线呈上升趋势的年轻客户。第四，等额递减还款法。以等额本息为基础，每次间隔固定时间，还款额减少一个固定金额的还款方式。此种还款方式本金归还较快，相对可减少贷款利息支出，适用于当前收入较高，或有一定积蓄可用于快速还贷的客户。第五，按期付息，按期还本。按一间隔期（还本间隔）等额偿还贷款本金，再按另一间隔期（还息间隔）定期结息，如每3个月偿还一次贷款本金，每月偿还贷款利息。第六，到期还本。在整个贷款期间不归还任何本金，在贷款到期日一次全部还清贷款本金。贷款利息可按月、按季或到期偿还，也可在贷款到期日一次性偿还。本方式适用于期限12月（含）以内的贷款。

3. 住房公积金

住房公积金是单位及其在职职工缴存的长期住房储金，是住房分配货币化、社会化和法制化的主要形式。住房公积金制度是国家法律规定的重要的住房社会保障制度，具有强制性、互助性、保障性。单位和职工个人必须依法履行缴存住房公积金的义务。这里的单位包括国家机关、国有企业、城镇集体企业、外商投资企业、城镇私营企业及其他城镇企业、事业单位、民办非企业单位、社会团体。

1）我国住房公积金的特点

（1）普遍性，城镇在职职工，无论其工作单位性质如何、家庭收入高低、是否已有住房，都必须按照《条例》的规定缴存住房公积金。

（2）强制性（政策性），单位不办理住房公积金缴存登记或者不为本单位职工办理住房公积金账户设立的，住房公积金的管理中心有权力责令限期办理，逾期不办理的，可以按《条例》的有关条款进行处罚，并可申请人民法院强制执行。

（3）福利性，除职工缴存的住房公积金外，单位也要为职工交纳一定的金额，而且住房公积金贷款的利率低于商业性贷款。

（4）返还性，职工离休、退休，或完全丧失劳动能力并与单位终止劳动关系，户口迁出或出境定居等，缴存的住房公积金将返还职工个人。

2）我国住房公积金的缴存

单位及个人的缴存比例可在5%～20%自行选择，个人缴存比例应等于或高于单位缴存比例。

3）我国住房公积金的使用

职工有下列情形之一，并能按规定提供合法、有效证明的，可以申请提取本人住房公积金账户内的存储余额：

（1）购买、建造、翻建、大修具有所有权的自住住房的。

（2）离休、退休的。

（3）完全丧失劳动能力或重度残疾，并与单位解除或终止劳动关系的。

（4）出国定居或赴港、澳、台地区定居的。

（5）偿还购买自住住房贷款本息的。

（6）租住住房的月房租超出家庭月工资收入15%的。

（7）进城务工人员与单位解除（终止）劳动关系的。

（8）职工死亡或被宣告死亡的。

（9）正在享受城镇居民最低生活保障或特困救助待遇的。

（10）与单位终止劳动关系1年以上未再就业的。

（11）职工及家庭成员因重大疾病或发生重大伤害事故导致家庭生活艰难的。

（12）因自然灾害或其他突发事件造成家庭生活严重困难的。

4）国外住房公积金借鉴（新加坡）

从1957年开始，新加坡政府为了向失去工作能力的公民提供必要的社会保障，实行了公积金制度。经过40年的调整和改善，这一制度逐渐成为集养老、保健、住房、家庭保障等多种功能为一身的综合性社会保障体系。

新加坡的积金制度实行会员制，所有新加坡公民和永久居民，无论是雇员，都必须按雇员月薪的一定比例缴交强制性的公积金，并按月存入雇员户下。1957年开始建立公积金制度时公积金缴交率为雇员月薪的10%；随着经济的发展，公积金缴交率逐渐提高，最高时达到50%；从1994年7月1日起，公积金的缴交率为雇员月薪的40%，但最高不得超过2 400新元。

缴交的公积金款项被分别存入普通户头、保健储蓄户头和特别户头，分别用以支付购房、医疗、子女教育费，本人退休后的养老金和应急。随着缴费人年龄的增长，缴交的公积金款在3个户头中的分配比例会发生变化，存入保健储蓄户头的比例将逐渐提高。按照法律规定公积金存款的利率不得低于2.5%，其中特别户头存款的利率，可比普通户头高出1.25个百分点，而且这部分利息收入免交所得税。任何人不得将公积金存款扣押抵债。

会员在到达55岁时，除保留一笔最低存款作为晚年之用外，其余公积金存款可全部提出。如果会员终身残疾或永远离开新加坡，可以提前提取公积金存款。如果会员在规定年龄前不幸逝世，他的公积金存款可移交指定受益人继承。会员可以从60岁开始按月从最低存款中领取基本生活费用。政府鼓励已达退休年龄但身体健康的会员继续工作，以使他们积蓄更多的公积金存款。会员在退休时存款不足，可由其子女填补他的户头。

中央公积金制度在新加坡实行40多年来，对经济和社会事业的发展起到了巨大的推动作用：① 它为国民提供了多样化的社会保障。从受益范围上说，会员不仅可以利用公积金照料好自己，还可通过有关公积金计划，相应照顾配偶、子女和父母，甚至兄弟姐妹；并通过实施全国保障计划的方式，使不同收入层次的人都得到统筹的保障。从受益时间上说，会员不仅在退休时有一笔可观的公积金存款，而且可以从实际出发，灵活运作各自户头所积累的资产，使公积金成为人们终生的缜密财务计划。② 新加坡的中央公积金局将归集的公积金购买国债，因此，它为国家的建设和发展提供了大量资金。占到新加坡国内生产总值51%的国民储蓄总额中，公积金存款的比例为93%甚至更高，这充分表明公积金储蓄已成为资助国家建设和发展计划的重要资金来源。③ 它有利于政府搞好宏观经济调控。政府可以根据经济发展的变化情况，通过调整公积金的缴交率，来节制个人消费，抑制通货膨胀，以保持国家薪金政策的稳定性，促进经济的健康发展。在前几年的金融危机中，新加坡政府提出削减成本方案的最重要的一项是将公积金中雇主负担缴付的20%部分，在两年之内减少为10%。这使企业的成本结构得到改善，增强了它们在国际市场上的竞争力，有助于本国经济的迅速复苏。④ 它对于提高国民素质培养自力更生、艰苦创业精神有明显的作用。它不仅鼓励国民通过提技能、努力生产来获取更高的收入和更多的公积金，即使到了退休年龄，如果身体健康，仍可以继续为社会工作，以增加积蓄，满足自身的各种福利要求。同时，要求国民充分履行对家庭和社会应尽的义务，努力倡导助人为乐的传统美德。⑤ 它在增强国家的凝聚力方面产生重要影响。新加坡在推行公积金制度的过程中，通过各项提高公积金资产值的计划，鼓励和支持会员动用公积金存款投资于股票、单位信托、政府公债、房地产业等，进一步参与国家的发展，并把更多的由政府管理的资产直接转让给人民，使国民对自己的国家有了归属感和认同感，与国家的成长和繁荣有了直接的利害关系，国家的凝聚力大大增强。

本章小结

本章主要对我国房地产相关法律法规、土地所有权和使用权基本制度、土地出让和划拨的基本制度及集体土地征收、国有土地上房屋征收的基本概念及征收补偿标准等内容进行了较为系统的讲解。重点掌握房地产三大法律的主要内容和我国的土地所有权与使用权基本制度。

关键概念

房地产　土地　法律　法规　所有权　使用权

章节测试题

1. 土地出让的几种方式是什么？
2. 国有土地上房屋征收时补偿的内容和标准是什么？
3. 房屋按揭抵押贷款的基本流程是怎样的？
4. 新加坡的住房公积金制度对我们的启示是什么？

第三章案例拓展

第三章微课视频

第四章 房地产开发

第四章课件PPT

学习目标

通过对我国的房地产开发概念的学习,学生应了解掌握房地产开发的基本概念、类型和原则,了解掌握房地产开发步骤,认识房地产开发活动,了解到房地产开发的前提是获取土地,从而有助于进一步理解土地使用权的获取的重要性,了解房地产开发项目规划设计的主要内容。

知识目标

1. 房地产开发的概念及特点。
2. 房地产开发的程序。
3. 房地产开发项目规划设计的主要内容。

能力目标

1. 掌握房地产开发流程。
2. 能够结合房地产项目规划设计的内容对某个房地产项目的优缺点进行分析。

案例导读

2019年中国房地产行业市场现状及发展前景分析

中国指数研究院5日发布的《中国房地产市场2019总结&2020展望》报告认为,从全国来看,2020年我国房地产市场整体承压,但在行情周期轮动背景下,结构性市场机会仍存。

报告认为,从区域来看,长三角、粤港澳地区需求支撑度高,2019年在严格调控影响下房地产市场整体稳中震荡,受益于区域规划利好及调控边际优化影响,短期市场存一定回升动力。

京津冀市场规模在深化调整后有所回升,但考虑到调控政策很难有实质性松动,2020年市场回升速度或有所放缓。

长江中游及成渝城市群销售端疲态显现，在周期轮动作用下短期销售疲态或将延续，鉴于其城镇化仍在快速推进，需求仍存在较高支撑力，市场整体将表现稳中有所波动。

再者，根据中国房地产指数系统对100个城市全样本调查数据显示：2019年1—11月百城新建住宅价格累计上涨2.91%，较去年同期收窄1.92个百分点，其中各季度累计涨幅较去年同期均收窄。如图4.1所示。

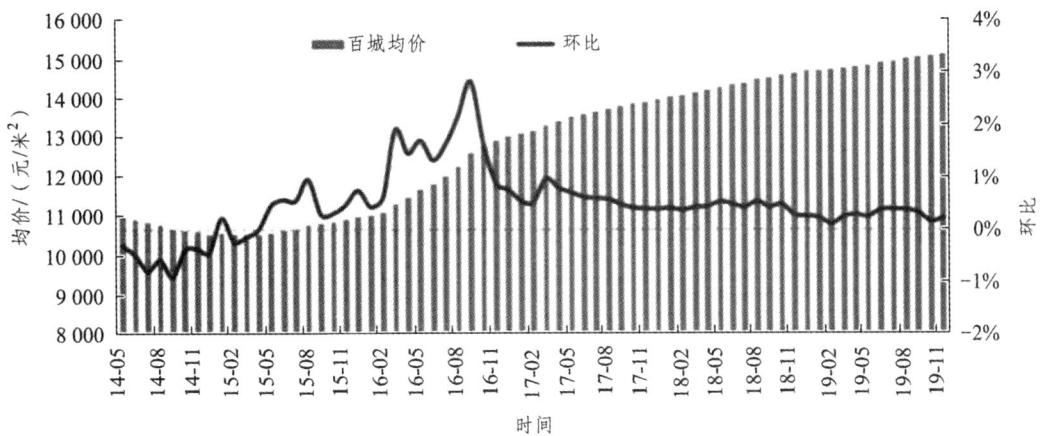

图4.1 2014年5月—2019年11月百城新建住宅均价及环比变化情况

重点城市整体成交规模同比小幅调整，十大城市二手房成交套数同比增幅有收窄趋势。自2016年开启新一轮市场调控至今，重点城市成交规模小幅波动，据初步统计，2019年1—11月，50个代表城市新建商品住宅月均成交面积2940万平方米，同比下降2.4%，其中除3季度成交同比略有增长0.6%以外，其余季度成交面积同比均下降，整体市场表现稳中略有调整。二手房方面，2019年1—10月，十大城市二手房市场成交套数约92万套，同比增长10.0%，其中上半年二手房市场成交套数同比增长10.3%，7—10月同比增幅收窄0.7个百分点至9.6%，北京、天津下半年各月成交套数同比持续为负。如图4.2所示。

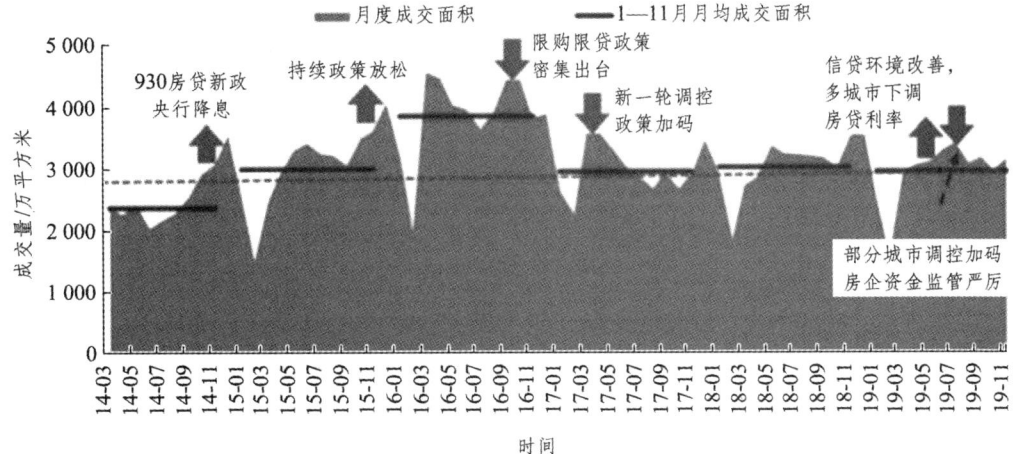

图4.2 2014—2019年11月50个代表城市商品住宅月度成交量走势情况

报告认为，从数据上来看，本轮调控政策取得了明显效果，重点城市商品住宅成交规模稳中有所调整，百城价格环比、累计涨幅均保持在低位区间，价格表现更加平稳。

报告预计，在销售存压背景下房企让价跑量策略将延续，2020年各线城市房价均将有所震荡，三四线调整压力较为突出。不过，考虑到成交结构向一二线等房价较高城市转移，预计全年销售均价将出现小幅的结构上涨，涨幅在4%左右。

报告还认为，2020年房地产行业融资环境难有明显改观，房企资金压力依然偏大，考虑到行业较大的竣工压力和当期土地购置费增速及新开工的调整对投资的影响，预计明年房地产开发投资额整体维持中低速增长态势。

"展望2020年，整体市场调控政策依旧保持从严基调，在因城施策、一城一策下，房地产市场整体仍将平稳运行，同时在多种因素综合影响下，不同城市分化格局愈加明显。"报告说。

（数据来源：公开资料、前瞻产业研究院整理）

（文章来源：上海证券报——机构：2020年我国房地产市场整体承压 结构性机会仍存）

阅读以上案例，试分析2020年我国房地产市场的发展趋势。

第一节 房地产开发概述

一、房地产开发的概念

房地产开发是生产者和经营者为了实现一定的经济目的和社会目的，通过多种资源的组合利用而为人类提供人住空间，并改变人类居住环境的一种活动。这里的资源包括土地、建筑材料、城市基础设施、城市公用配套设施、劳动力、资金和专业人员的经验等诸多方面。

与房地产有关的开发活动非常广泛，国土开发、区域开发、城市开发等都与房地产开发活动有着密切的关系。其中，国土开发与区域开发主要侧重于宏观意义上对土地的开发和利用；城市开发则是既包括土地又包括地上建筑物的开发活动，也可以视为整体上和宏观意义上的房地产的开发。因此，从某种意义上讲，这些开发可以视为广义的房地产开发活动。狭义的房地产开发主要是指在依法取得了土地使用权的土地上进行基础设施、房屋建设的行为，它是在特定地段上所进行的具体房地产项目的规划、勘察、设计和施工及验收等活动。

房地产开发分为土地开发和房产开发两个连续过程。土地开发是指对土地进行地面平整、建筑物拆除、地下管线铺设和道路、基础设施建设等，使土地满足建设房屋的条件。房产开发即房屋开发，是指城市各种房屋的开发建设，它包括房屋建设的分析策划、规划设计、施工建设、配套完善、交付使用等的全过程。

大规模的房地产开发往往采取综合开发方式来实施，而对于城市建设中的新区开发，国内外成熟的经验一般大都采取分两步走的方式，即：第一步由政府投资进行大规模的土地开发，将生地变成熟地，然后根据城市规划的要求进行区域详细规划和城市设计；第二步将规划好的土地分块出让给开发商，由开发商分别进行逐个的房地产项目开发，并完成新区建设。房地产开发所创造的价值主要体现在为消费者提供了满足其需求的空间、时间和服务。

二、房地产开发的内容

（一）房地产开发的有关概念

1. 国土开发

国土开发是指对国土资源的开发、利用、治理和保护，以求最大限度地发挥国家自然资源的经济效益和社会效益。国土开发的基本目标是寻求经济、人口、资源、环境之间的最佳组合。

2. 城市开发

城市开发也称城市建设综合开发，这是一种地区性的开发，以寻求一个城市范围内的最佳经济效益和社会效益，即谋求规模效益。一个城市的建筑面貌往往反映了该地区社会经济文化发展的水准。我国在总结近几十年来城市建设正反两方面经验教训的基础上，借鉴各国优良模式，提出了"统一规划、统一开发、统一建设、统一管理"的建设方针，这一方针充分体现了现代城市建设和发展的客观规律。

3. 房地产综合开发

房地产开发根据开发的统性、配套性的程度，又分为单项开发与综合开发两种。所谓房地产综合开发，是指城市土地和房屋的规划、设计、开发、建设和经营是综合性的，兼有生产与流通两个领域的经济活动。房地产综合开发实际上也是以建筑地块和房屋的开发、建设为中心，对某一建设区域的市政设施和公用建筑实行统一规划、综合配套、协调建设。之所以要进行房地产综合开发，就是要避免"各行其是、零敲碎打、互不配套、见缝插针、乱建滥盖"而遗留下的无穷后患。在吸取历史教训的基础上，今后的房地产开发，在城市基础设施方面，要对道路交通、供水、排水、供电、供热、供气和邮电通信等方面实行统筹规划、配套建设。

房地产综合开发工作，从横向来看，面对新开发地区的工业、交通、住宅、科学文化、教育卫生、商业服务、市政工程、公用设施、园林绿化、行政机关及其他建设工程项目，要根据需要与可能区分轻重缓急，统筹安排、配套建设、分期交付使用，尽量发挥工程效益，做到既有利于生产，又方便生活。从纵向来看，要对建设的全过程，从立项论证、规划设计、征地拆迁、招标投标、土地平整、组织施工、完工验收，一直到房屋经营管理，做到各环节紧密衔接、互相配合、协调发展，以达到较高经济效益、较好社会效益、较优环境效益的统一。

（二）房地产开发的类型

房地产开发的形式多种多样，从不同的角度可以划分出不同的类型。

1. 按开发的区域性质划分

根据被开发区域的性质，可以将房地产开发分为新区开发和旧区再开发两种形式。

新区开发主要是对城市郊区的农地和荒地进行改造，使之变成建设用地，并进行一系列房屋、道路、公用设施等方面的建造和铺设，使之变成新城区。建设卫星城就是一种大规模建设新区的开发。新区开发的主要特点是从生地开始，严格按照城市规划和各项开发区的功能进行建设。新区开发尽管用地位置比较偏远，但由于是第一次开发，因此，配套能够比较完善，用地条件也比较宽松，适合于规模较大的住宅开发或工业用房开发。

旧区再开发也被称为旧区改造，主要是对已建成的某些区段的建筑和各项配套设施进行拆迁改造或重新建设，具有改变或扩大原有建筑地段的使用性质和功能的特点。旧区改造在城市建设中具有重要的意义：一方面，可以通过改造，改变以往旧城区人口过密、交通紧张、房屋陈旧、设施落后、环境质量恶劣的弊病；另一方面，也可以调整城市的用途，节约土地资源，提高土地效益，增强城市活力。目前旧区改造已成为许多城市房地产开发的主要形式。

2. 按开发的规模划分

根据房地产开发的规模，可以将房地产开发划分为单项开发和成片开发两种形式。

单项开发是指开发规模小、占地少、功能比较单一的项目。这种项目开发投资较少，建设周期较短，往往表现为分散建造的一些单项工程或单位工程。

成片开发规模大，占地多，功能多。无论是在新区开发还是旧区改造都表现为成片建造多个工程项目，实施多种配套，是一种投资额高、建设周期长的综合性开发。

面积小的可以表现为某个小区的开发，面积大的相当于一个新区的开发。成片开发在具体的实施过程中往往采取分期分批、滚动开发的方式。

3. 按开发的对象划分

按照房地产开发的对象，可以将房地产开发分为土地开发、房屋开发和综合开发三种形式。

土地开发是指土地开发企业在获得土地使用权以后，通过征地、拆迁、安置等项工作，将土地开发成具有"七通一平"条件（供水、排水、供电、供热、供气、电信、道路畅通、场地平整）的建房基地，然后通过协议、招标或拍卖的方式，将使用权转让给其他房地产开发企业进行房屋建设的一种开发经营方式。

房屋开发是指房地产开发企业以一定的方式获得地块的使用权后，按照规划要求建造各类房地产商品，如住宅、办公楼、商业用房、娱乐用房等，并以出售或出租手段将这些房地产商品推入市场的一种开发经营方式。

综合开发是指土地开发以及房屋和有关的市政、公建配套设施结合起来进行建设的开发方式。这种开发方式往往是由一个开发企业负责从投资决策到土地使用权的获取，从基地的建设、房屋以及小区内市政、公建配套设施的建造，直到房屋的租售和管理全过程的实施，这种开发方式也是目前我国绝大多数房地产开发企业采取的一种开发方式。

（三）房地产开发的形式

1. 新区开发与旧城区改建

新区开发是指按照城市具体规划，在城市现有建成区以外的一定地段，进行集中成片、综合配套的开发建设活动。旧城改建是指保护好旧城区优秀的历史文化遗产及传统风貌，充分利用并发挥旧城区原有各项设施的潜力，根据目前实际情况和存在的主要矛盾，有计划、有步骤、有重点地对旧城区进行充实和更新的建设活动。

2. 外延型开发与内涵型开发

外延型开发是指单纯靠增加城市土地面积进行土地开发和新建房屋实现的房地产开发方式。内涵型开发是指在原有土地上通过增加土地的容积率、更新基础设施、新建和翻新、扩建房屋等方式实现的房地产开发。

（四）房地产开发的特点

房地产开发是房地产业中最基本、最主要的物质生产活动，同时又在城市建设中担当着重要角色，房地产开发具有其自身的特征。

1. 综合性

房地产开发最本质的特征是综合性，主要体现在以下3个方面：

（1）综合性是房地产开发的内在要求。现代城市建设要求在开发过程中必须坚持"全面规划、合理布局、综合开发、配套建设"的方针，也就是在开发过程中，不仅仅是对建筑地块或房屋建筑进行有目的的建设,而且要对被开发地区的一些必要的公用设施、公共建筑进行统规划，协调建设。尤其是住宅开发，要以人为本，以综合的思想来对居住用房、服务用房、文教卫生用房和福利娱乐用房等实行配套建设，并注意生活环境的营造。缺乏综合性与配套性的开发活动不符合现代城市的建设要求。

（2）综合性还表现为开发过程中工作关系的广泛性及项目操作的复杂性。房地产开发过程环节很多，涉及的部门与关系也很多，不仅涉及规划、设计、施工、供电、供水、电信、交通、教育、卫生、消防、环境和园林等部门，而且还通过征地、拆迁和安置等工作与城市居民的生活密切联系。同时，每一个开发项目所涉及的土地条件、融资方式、建筑设计与施工技术的要求和市场竞争情况等可能都不一样，需要开发商认真地进行综合分析，统筹安排，制订最佳的开发方案。

（3）房地产开发的综合性还体现在其作为一个基本的物质生产部门，必须与本国、本地区各产业部门的发展相协调，并起到一定的引导作用。脱离了国情、区情，发展速度过快或过缓，规模过大或过小都会给当地经济及社会发展带来不良影响。

2. 长期性

房地产开发从投入资本到资本回收，从破土动工到形成产品，需要经过几个阶段的工作，如准备阶段、施工阶段和销售阶段等。尤其是在建筑施工阶段，需要集中大量的劳动力，通过一砖一石、一管一线的建造才能形成最终产品。上述过程与资金是否及时到位关系重大，因此，整个过程往往需要较长的时间。一般来说，普通的开发项目需要2~3年，规模稍大的综合性项目需要4~5年，而一些成片开发的大型项目需要的时间则更长。

3. 时序性

尽管房地产开发是一项涉及面广、比较复杂的经济活动，但从实务上来讲具有很强的操作程序。从项目的可行性分析到土地的获取，从资金的融通到项目的实施，乃至后期的房屋租售管理等，虽然头绪繁多，但先后有序。这不仅仅是由于政府的土地、规划和建设等部门的行政管理，使许多工作受到审批程序的制约，而且也与房地产开发生产活动的内在要求有关。因此，开发项目的实施必须要有周密的计划，使各个环节紧密衔接、协调进行，以缩短周期、降低风险。

4. 地域性

房地产不可移动，房地产的使用、价值和市场等带有强烈的地域特征，并且使房地产开发投资更为地域所限制。从微观来看，开发项目受区位或地段的影响非常大，因为涉及诸如交通、购物、环境和升值潜力等很多与项目有关的因素，因此，开发商对项目的选址尤需谨慎。从宏观上看，房地产开发的地域性主要表现在投资地区的社会经济特征对项目的影响。每一个地区的投资开发政策、市场需求状况和消费者的支付能力等都有可能不一样，这就需要开发商认真研究当地市场，制订相应的开发方案。

5. 风险性

房地产开发的风险性表现为以下3个方面：

（1）筹集资金的风险。房地产开发需要巨额资金，在市场经济条件下，筹集巨额资金是有风险的：由于开发周期长，很多因素有可能变化，会给开发项目带来一定的市场风险；房地产开发的产品是供人们居住或从事商业经营、工业生产的建筑物，每一个项目在相当长的时间里几乎没有重新建造的可能。因此，项目一旦失败，开发商将遭受巨大的损失。

（2）竞争的风险。房地产开发是市场经济的产物，可以说在开发的每一个环节上都充满着竞争，如土地使用权的竞争、规划设计上的竞争、营销过程中的竞争等。归根结底，这些竞争直接关系到所开发的房地产商品是否具有较高的市场占有率，是否具有较好的经济效益和社会效益。这种激烈的竞争增加了房地产开发的风险。

（3）受形势和政策影响的风险。宏观经济形势和有关经济政策对房地产开发的影响也较大，因此，房地产开发是一项高风险的投资行为。然而，风险与回报同在，房地产开发是一种高收益的经济活动。

（五）房地产开发策划内容

1. 开发区位和地段的分析与选择

房地产开发项目的区位作为战略性选择，是对项目宏观区位条件的分析与选择，主要考虑项目所在地区的政治、法律、自然条件等因素。项目具体地段的分析与选择是指对项目坐落地点和周围环境、基础设施条件的分析与选择，主要考虑项目所在地点的交通、城市规划、土地取得代价、拆迁安置难度、基础设施完善程度及地质水文等因素。

房地产开发地段总体上可以分为三类：一是高投入高产出地段；二是中投入中产出地段；三是低投入低产出地段。尽管如此，一定要通过比较，选择相对较低的投入与相对较高产出的地段，特别要考虑所选地段的未来发展潜力和发展的强劲程度。

2. 开发内容和规模的分析与选择

房地产项目的开发内容和开发规模应在符合城市规划的前提下，选择最佳的用途和最合适的开发规模，主要包括市场定位、建筑总面积、建设和装修档次、设备配备等。可供选择的用途包括商场、写字楼、高档公寓、普通住宅、别墅、酒店、娱乐场所、标准工业厂房和会展中心等或者它们的组合。此外，还可考虑将生地或毛地开发成为可直接进行房屋建设的熟地后租售的情况。在开发内容和开发规模的分析与选择中，特别要注意在细分市场的基础上发掘出某些方面优于他人的项目。

3. 开发时机和开发进度的分析与选择

房地产项目开发时机和开发进度的分析与选择，首先应考虑开发完成后的市场前景，然后再到推出获取开发场地和开始建设的时机，必须充分估计到办理前期手续和征地拆迁的难度对开发进展的影响。大型房地产开发项目通常应考虑分期分批开发或滚动式开发。

由于房地产开发所需要的时间较长，通常应采用反周期运作。所谓反周期运作，是指房地产市场在一定程度上呈周期性波动，有高潮也有低谷。除了房地产行业的投机炒作之外，如果在房地产市场低潮时进入，可供选择的项目多，竞争对手少，成本相对较低，开发完成后往往迎接的是高潮；而在高潮时进入，开发完成后往往迎接的是低潮，所以，房地产市场高潮时反而要持相当谨慎的态度，避免一哄而上。

4. 开发合作方式的分析与选择

房地产项目开发合作方式的分析与选择，主要是考虑自身在土地、资金、开发经营专长、经验和社会关系等方面的实力或优势程度。还包括从分散投资风险的角度出发，对独资、合资、合作合建、委托开发等方式进行选择。在考虑合资、合作方式时，特别要注意对方是否能与自己坦诚相处和发挥优势互补作用。

5. 项目融资方式的分析与选择

房地产开发项目融资方式的分析与选择，主要是结合开发项目的合作方式设计资金结构，确定合作各方在项目投资的资本金中所占的份额，并通过分析可能的投资来源和经营方式，对项目所需短期和长期资金的筹措作出合理的安排。

开发所需资金的来源归纳起来有下列几种：自有资金、预售或预租收入、抵押贷款、合作方出资、集资或发行债券、融资性租赁等。如项目所需电梯、中央空调等设备可以采用租赁方式解决。

6. 开发完成后产品推广方式的分析与选择

房地产开发完成后的产品营销方式分析与选择，主要是考虑近期利益和长远利益的兼顾、资金压力、自身营销能力以及市场的可接受程度等因素，对出售（包括现房出售和期房预售）、出租（包括现房出租和期房预租）和自营等营销方式进行选择。

第二节　房地产开发程序

房地产开发程序分为4个阶段，即项目立项阶段、项目前期准备阶段、项目建设阶段、项目销售及售后服务阶段。

一、项目立项阶段

项目立项阶段的开发程序为：投资机会研究→申领项目选址意见书及项目立项批文申请定点→申请购置土地、办理土地产权手续→申领规划红线图、规划设计条件通知书等文件→申领建设用地规划许可证。

（一）投资机会研究

进行投资机会研究首先是对投资地区和投资环境进行研究、分析，然后根据对自然资源的了解和市场情况的调查预测，以及对国家的经济政策和政治环境等情况进行分析，能否找到具有最有利的投资机会，为投资机会的选择提供依据。

（二）申领项目选址意见书及项目立项批文

选址意见书是项目进行设计、开发和管理的重要依据。申领选址意见书时，需向主管部门提交选址申请报告、有效的项目建议书以及其他必需的文件。项目批文是由计划管理部门颁发的，确认开发项目通过审核，可以进行开发建设的文件。申领项目立项批文时，需向主管部门提交可行性研究报告、立项申请书、资金来源说明、房地产开发物业类型说明等文件。

可行性研究报告的报批工作是将可行性研究报告上报至政府主管部门及贷款银行，由其进行项目评估和对可行性研究报告进行评价。评价主要从三方面进行：一是项目是否符合国家有关政策、法令和相关规定；二是项目是否符合国家宏观经济意图和国民经济长远规划，布局是否合理；三是项目的技术是否先进适用，是否经济合理。项目评估的投资估算精度为±10%，可行性研究报告的批准，标志着项目立项决策阶段的完成。

项目立项决策阶段的各项任务，可由项目方自己的管理班子完成，也可委托相应的咨询机构来完成。项目方人员做一些配合和辅助工作。

（三）申请定点

到城市规划管理部门申请定点。在此环节中，需向规划管理部门提交有效的项目立项批文、选址意见书、申请定点报告、申请用地报告、企业的资质证明、企业的营业执照和法人代表委托书等文件或证书。城市规划管理部门根据城市总体规划要求，参照开发商的申请，考虑房地产开发项目的性质、规模，初步选定用地项目的具体位置和界限。

（四）申请购置土地，办理土地产权手续

根据《中华人民共和国土地管理法》《中华人民共和国土地管理法实施办法》《中华人民共和国城镇国有土地使用权出让和转让暂行办法》《城市国有土地使用权出让转让规划管理办法》等法律法规，开发企业以出让或转让方式取得土地时，必须到相关的土地管理部门办理土地出让或转让手续，签订土地使用权出让或转让合同，并缴纳土地使用权出让金。

（五）申领规划红线图、规划设计条件通知书等文件

主要内容包括：被申请建设用地的现状地形图；根据开发项目的性质和所处地段条件提出用地范围，该场地的外部限制条件；提出规划设计要点，包括建筑密度、容积率、建筑层数、高度、体量、红线退让要求和地下管线走向、绿化要求以及其他控制事项；有关的特殊要求，如人防、抗震和净空限制等。

（六）编制规划设计总图

开发商根据规划设计意见通知书等文件，委托规划设计院编制规划设计总图。

（七）申领建设用地规划许可证

提交建设用地规划设计总图，供规划管理部门审核，然后由规划管理部门核定用地面积，报经政府批准，发给开发商建设用地规划许可证。

二、项目前期准备阶段

项目前期准备阶段的开发程序为：选择勘察队伍和设计单位→申领建设工程规划许可证和施工许可证→申领房屋拆迁许可证做好"七通一平"工作→选择承包单位→选择监理单位。

（一）选择勘察队伍和设计单位

通过招标选择勘察队伍进行地质勘察。当设计任务由几家设计者分别承担时，要做好组织协调工作，以确保质量和进度。通过招标选择设计单位进行建筑设计，业主的项目管理班子主要做一些大的方面的管理审核工作，如设计概算、设计进度、建筑风格及结构类型等。再就是为设计者提供必要的设计基础资料，如批准的可行性研究报告、规划部门的规划设计条件通知书。而一些更为具体的管理工作可委托监理单位来进行。

（二）申领建设工程规划许可证和施工许可证

建设工程规划许可证是由规划管理部门审批颁发的，是表达拟建项目已具备开工条件、允许开工的法律文件，依据《中华人民共和国建筑法》规定，要求由建设行政主管部门对建筑工程进行施工所应具备的基本条件进行审查，以避免不具备条件的工程开工后无法顺利进行所造成的损失和浪费。同时，施工许可证应当由建设单位（即开发商）而不是由施工单位负责申请领取，并且要在开工前办理。未经许可，不得擅自开工。

（三）申领房屋拆迁许可证

征地拆迁须申领房屋拆迁许可证，同时与被拆迁人签订拆迁补偿安置协议，或与委

托拆迁单位签订委托拆迁协议，征地拆迁安置依据开发项目的建设需要，按照国家的有关政策法规征用建设用地，并对所征用土地的原有单位、住房和其他地上物进行合理的迁移、安置、补偿和拆除等工作，为施工单位进入现场创造条件。要进行拆迁工作，必须首先申领拆迁许可证，无证拆迁是违法行为。

拆迁安置是一项政策性很强的工作，其依据是国务院颁发的《城市房屋拆迁管理条例》、建设部发布的《城市房屋拆迁单位管理规定》以及各地方政府结合当地实际情况制定的房屋拆迁管理办法或条例、实施细则等。一般程序为：拆迁调查→制订拆迁安置计划→申领房屋拆迁许可证。发布拆迁公告，与被拆迁人签订拆迁协议书（或进行货币拆迁）、动迁验收，办理拆迁房屋产权灭籍和土地使用权证。

房屋拆迁一般有三种方式：一是政府组织统一拆迁，由政府统一组织或选择有拆迁资质的单位，对拆迁范围内的房屋统一拆除，对被拆迁人统一补偿和安置；二是拆迁人自行拆迁，对被拆迁人进行拆迁补偿和安置；三是拆迁人委托具有房屋拆迁资质的单位进行拆迁，受托单位完成拆迁的全过程，并收取相应的费用。

（四）做好"七通一平"工作

做好建设用地的"七通一平"工作，是落实施工招标的前提条件之一，也是保证施工单位进入现场迅速开展施工的必要条件。

（五）选择承包单位

通过招投标方式选择工程承包单位，与承包单位签订建筑工程施工合同。具体招标过程为：拟定招标方式，准备招标文件。编制标底，向招标主管部门申请招标，发布招标通告或邀请投标函，对投标承包企业的资格进行预审，发送招标文件，招标工程交底及答疑，开标、评标、决标、发出中标通知书及签订合同。

（六）选择监理单位

通过招标方式选择监理单位，与监理单位签订工程建设监理合同。

三、项目建设阶段

项目建设阶段的开发程序：组织承包商进场→加强开发项目工程管理与控制→申领商品房预售许可证→项目的竣工验收。

（一）组织承包商进场

组织监理单位进行监理。组织由材料、设备订贷，必要时可进行设备招标。与材料设备供应商签订建设物资采购供应合同。如果工程项目需要进口材料设备，则要申请办理进口许可证，并办理报关手续，签订委托运输合同。

（二）加强开发项目工程管理与控制

开发项目工程管理与控制是开发企业为了保证项目施工顺利进行所从事的有关管理工作，包括如下内容：

（1）配合承包商做好各种准备工作。

（2）按时提供施工现场。完成场地的"七通一平"。

（3）及时提供已约定数量的图纸，组织已约定的由开发商负责订购的材料设备及时进场。

（4）协助承包商做好接收、检查工作等。

（5）对项目的投资、进度和施工质量进行控制。

（6）进行合同管理。

（7）有效地协调参与项目单位的关系，如设计承包方与承包商之间的关系、设计单位与施工单位之间的关系、总承包商与指定分包商之间的关系、承包商与材料设备供应商之间的关系等。

（三）申领商品房预售许可证

与用户签订商品房预售合同。在项目建设完成到一定阶段后，可以进行商品房预售。预售是房地产企业经常采用的一种经营方式，它是指在房屋处于营建阶段尚未竣工之前，由开发商与用户签订房屋预售合同，预先约定将房屋整幢或分屋、分套出售给购房者，待房屋竣工后再办理过户手续。通过预售，开发商可提前实现资金的部分回收，购买者通常会因购买预售商品房而得到升值带来收益。进行商品房预售必须满足下列条件：

（1）商品房预售必须向当地房地产市场管理部门申请，经批准并申领"商品房预售许可证"后方可进行。申请办理"商品房预售许可证"应具备以下条件：

① 建设项目各种批准手续已齐备，且已确定竣工交付使用日期。

② 已完成建设项目投资的25%或已完成单体项目的主体结构（即结构封顶）。

③ 已确定预售款的监管机构和监管方案。

④ 已制定房屋使用管理维修公约。

（2）根据《城市商品房预售管理办法》规定，开发经营企业在申请办理"商品房预售许可证"时，应提交下列证件及资料：

① 开发企业的营业执照；建设项目的投资立项、规划、用地和施工等批准文件或证件。

② 工程施工进度计划。

③ 投入开发建设的资金已达工程建设总投资的25%以上的证明材料。

④ 商品房预售方案。预售方案应当说明商品房的位置、装修标准、交付使用日期、预售总面积和交付使用后的物业管理等内容，应附有商品房预售总平面图。

（四）项目的竣工验收

项目的竣工验收与交接是施工过程的最后一道程序，是全面检验设计与施工质量、考核工程造价的重要环节，是实现开发投资向使用价值转化的标志，是开发商实现经营效益的基础。从质量控制角度来说，项目竣工验收是确保项目质量符合标准的最后一道环节，只有通过竣工验收后物业才可以出售或出租。工程项目的交接是在项目竣工验收后。承包商向业主移交项目所有权的过程，同时也是开发商向住户交接的过程。

工程资料是项目竣工验收的重要依据，承包商应按合同和验收标准提供全套竣工验收资料。主要内容包括项目开工报告、竣工报告、分部分项单位工程技术人员名单、图纸会审及交底记录、设计变更通知书、技术变更核定单、工程质量事故调查处理资料、测量放线资料、材料构件设备合格证明、试验检验报告、隐蔽工程验收记录、施工日志、竣工图、质量检验评定资料、竣工验收资料等。

四、项目销售及售后服务阶段

项目销售及售后服务阶段的开发程序：办理竣工后的产权登记手续申领商品房销售许可证→与物业公司签订物业委托管理合同→提交相关资料与用户签订商品房销售合同或租赁合同→做好物业管理工作。

（一）办理竣工后的产权登记手续

根据《城镇房屋所有权登记暂行办法》和《城市私有房屋管理条例》的规定，新建房屋应于竣工后3个月内申请办理所有权登记，登记时需提交建设许可证和建筑图纸等图件，也就是所谓的总登记。

（二）申领商品房销售许可证

开发企业在申领商品房销售许可证时，需向主管部门交验主要的证明文件及相关资料，如项目批文、规划红线图、土地权属证明文件、建设用地规划许可证、建设工程规划许可证、房屋竣工验收资料及平面图、价格申报表等。

（三）与物业公司签订物业委托管理合同

物业管理服务是指物业管理企业受物业产权人、使用人委托，以有偿方式对物业（如住宅小区的房屋建筑及其设备、市政公用设施、绿化、卫生、交通、治安和环境等）项目进行日常维护、修缮与整治等服务，并提供与物业产权人、使用人相关的其他服务。房地产开发企业在出售所开发的项目之前，必要时应当选取合适的物业管理公司承担物业管理，并与之签订物业委托管理合同。住户入住后，由业主委员会来选择物业公司。

（四）提交相关资料

开发企业将新建物业交付物业管理公司接管时，应当提交下列相关资料：房屋建设的各项批准文件，竣工总平面图，房屋及配套基础设施、设备的竣工图，地下管网图及其他的必要资料。

（五）与用户签订商品房销售合同或租赁合同

根据国务院《城市房地产开发经营管理条例》的规定，预售商品房的购买人应当自销售合同签订之日起 90 天内，办理土地使用权和房屋所有权登记手续。房地产开发企业应当协助商品房购买人到房地产管理部门和土地管理部门分别办理房屋所有权和土地使用权变更登记手续并提供必要的证明文件。同时，按照建设部的要求，从 1998 年 9 月 1 日起，要求房地产开发企业在向用户交付销售的新建商品住宅时，必须提供《新建住宅质量保证书》和《新建住宅使用说明书》，作为商品房销售合同的必要组成部分。其中，住宅质量保证书应当列明工程质量监督部门核验的质量等级、保修范围、保修期和保修单位等内容。

（六）做好物业管理工作

物业管理的内容包括管理和服务两个方面。管理方面主要是掌握房产物业的变动、使用状况，使房屋设备及配套设施能及时得到修理、更新、养护，保持和延长房产物业的功能和价值。服务方面主要是以充分保证产权所有人、居住者和使用人的各种需求，及时提供各类服务，以方便用户。

物业管理包括以下几个方面：

（1）治安消防服务。治安消防服务是为了保障管理区域内治安、维护整个区域内的公共秩序所采取的管理措施，以保证业主和租用人的生命财产安全。

（2）环境卫生管理服务。环境卫生管理服务包括管理公共环境、制止占用公共场所和各种违章搭建等破坏市容的行为，以保障租用人的健康，维护居住、工作环境的优美。

（3）维修保养服务。维修保养服务是对房屋楼宇建筑及管理区域内的公共配套设施实行定期保养和及时维修或更新，以延长房屋和公共设施设备的使用寿命，改善和提高使用效益。

（4）绿化养护服务。绿化养护服务是对管理区内的园林绿带、花草树木、公共花园绿地组织种植和定时保养、管理，以美化和净化环境。

（5）家居服务。家居服务是接受居住者或租用人的委托，提供内容丰富的预约和特约服务。这类服务包括制定管理预算，合理分配各项资金和基金，计算应开支费用、按月征收管理及其他费用，管理公共维修基金、利息，定期向产权人公布收支情况，确保业主和租用人遵守房屋管理规则、政府租地契约和公共契约所规定的条款，处理和调解业主或租用人之间因使用物业所引起的纠纷和争执，并有权制止和纠正产权使用人在使用公共用地和设施方面违反法规和公约的行为。通过来信、来访、座谈会和住户回访制度及时了解和征求产权人及其租用人的反映意见，听取合理建议，不断提高服务质量，并就公共市政设施的有关事务与政府公共事业部门交涉。

第三节 房地产开发项目规划设计

一、房地产开发项目规划设计的概念

1. 房地产项目规划设计的含义

房地产开发项目的规划设计是指房地产开发项目的建筑设计与规划设计，是根据开发项目的具体情况和开发设想，综合协调城市规划行政主管部门、各有关部门以及配套单位的意见和要求，根据政策法规、基地可行性研究和市场调查资料，在经济效益、社会效益和环境效益统一的前提下，拟订项目开发的规划设计要求，然后进行设计招标，选出最优同时又是比较经济的方案，并在进一步优化后付诸实施。

在规划设计各阶段和项目开发的全过程，要科学合理地节约用地，降低前期成本，在确保工程安全的前提下降低工程成本，根据市场变化对产品结构进行必要的调整。规划设计运用综合手段，对土地进行合理使用，处理好建筑与城市设计、使用功能和环境、建筑空间组合和建筑艺术，特别是生态环境等方面的关系，达到经济效益、环境效益的辩证统一。并严格遵循国家和地方政府制定的有关规划、建筑设计、交通管理、消防、卫生防疫、防空、人防、文物和古建筑保护等文件。

房地产开发的房屋、市政工程和公用事业，其绿化、卫生防疫、人防、抗震、防洪、教育、文体、消防、交通乃至建筑艺术要求及小区的布置，包括小区的安全防范、物业管理等，都要在统规划的前期提下，合理布局、综合实施、配套建设，为人们提供优美、清洁、安全和舒适的生产、生活和工作环境。

2. 房地产项目规划设计的原则和基本内容

1）项目规划设计的原则

要保持规划设计与市场定位的一致性，在规划设计时，必须遵循以下原则：

（1）规划设计定位时，要坚持以人为本。以人为本就是以住户的生活舒适方便为本。规划设计必须来源于所要服务的人群的需求。许多规划设计在简单潦草仓促完成的同时，给住户留下的是长期的隐患。

（2）规划设计必须符合项目定位。项目定位是一个项目的根本大纲，框定了规划设计的方向。规划设计不能偏离项目定位去追求不切合实际的东西，背离定位就会做出完全不能用的方案。

（3）规划设计应考虑将来物业管理的方便。物业管理已成为项目成败的一个重要方面，"买不买房看环境，掏不掏钱看户型，满不清意看管理"。以前设计方案不考虑物业管理，而现在策划项目时就必须提前考虑物业管理的各种问题。

（4）规划设计应考虑项目营销的方便。营销在规划设计上有两个基本要求：一个是卖点；另一个是卖相，即形象。卖点要实在，卖相要美观。

（5）规划设计应考虑中国传统建筑景观学说的基本禁忌。一般来说，容积率、建筑密度、绿化率等技术要点都是规定死的，只能在这些前提下做规划设计。但对于传统建筑景观学说，很多设计师都不大了解，所以经常在这方面出问题。另外，在楼盘规划和户型设计方面，路冲、角冲、门冲等基本禁忌都是只要稍加注意，就可以完全避免的，关键在于设计师必须懂得这些基本禁忌。

2）规划设计的基本内容

（1）土地使用、用地边界与面积。

（2）环境容量：建筑容积率、建筑密度、人口密度、绿地率。

（3）建筑控制：建筑高度、建筑后退、建筑间距。

（4）城市设计。

（5）建筑空间、功能及其经济性。

（6）基地停车车位、总体布置、出入口。

二、房地产开发项目规划设计内容

《中华人民共和国城市规划法》等国家和地方政府制定的法规，是搞好规划设计的依据。居住区项目规划设计的具体内容有以下7个方面。

（一）用地规模与配置

1. 城市土地分类

城市土地使用分为六大类：居住用地、公共活动中心用地、工业用地、仓储用地、市政公用设施用地和绿地。绿地指市级、区级和居住区级的公共绿地和生产防护绿地。基地土地使用性质确定后，项目选择前必须向规划市政管理部门征询清楚，否则前期开发的工作做得越多，损失越大。建设用地规划许可证或土地批租文件附有规划行政主管部门划示开发基地范围的地形图，对基地的用地边界和用地面积都有明确定量的规定。

2. 环境容量

环境容量包括住宅区人口净密度、人均住宅用地、住宅区建筑密度和住宅区容积率几个指标，用公式表示如下：

居住区人口净密度 = 住宅区总人口/住宅区建筑总用地

人均住宅区用地 = 住宅区总用地/住宅区总人口

住宅区建筑密度 = 住宅区总建筑基底面积/住宅区总用地面积

住宅区容积率 = 住宅区总建筑面积/住宅区总用地面积

3. 土地利用

居住密度的高低取决于土地的价值和土地资源的状况、生活环境质量的定位，以及对城市型生活氛围的营造；住宅区规划应从节约土地、保证生活环境的质量、满足城市生活的需求这三方面来确定适当的居住密度。一般而言，越接近市中心的住宅区居住密度越高，土地资源越紧张的城市住宅区的居住密度越高，环境质量标准越高的住宅区居住密度越小。在居住密度较高的住宅区住宅用地的比重应该相对较小，在居住密度较小的住宅区住宅用地的比重可以相对较大，在高层或以高层住宅为主的住宅区中，住宅用地的比重不宜超过地方有关规定中规模相近的居住区、居住小区或居住组团的标准。住宅区的人口密度应该在考虑城市总体规划、分区规划和地区控制性详细规划要求的同时，从居住的物质环境质量和社会环境质量两方面综合考虑，以保证舒适的城市生活。过高的住宅区人口密度将会降低居住环境的质量，而过低的人口密度将不利于居民间的接触与交往，同时也不符合节约土地的原则。适宜的住宅区人口密度宜控制在 300~800 人/hm^2，人口密度约为 800 人/hm^2 或超过该密度的住宅区应考虑户外公共空间的立体化和复合化的利用方式，以拓展户外公共使用空间，保证住宅区的户外居住环境质量。

4. 容积率和覆盖率的控制

随着房地产市场的发展，居住不仅是人们最基本的生存需求，而是人们最重要的享受，在满足基本需求的基础上，消费者愿意为更好的产品付出更高的价钱。低密度住宅在相同的地块上盖的房子比较少，品质走高，密度走低，能满足一部分高消费者的买房需求。低密度住宅的容积率在 1 以下，即在 1 m^2 的地块上盖出总建筑面积在 1 m^2 以下的房子。

建筑容积率、覆盖率是重要的环境容量指标，它与基地所处的地段、用地性质和建筑高度等参数有关。同时，容积率的大小受基地周围路通行能力、上下水、电力和通信等基础设施的制约。因此，城市规划行政主管部门根据地块的用途性质、建筑使用性质、道路交通、配套设施以及城市设计等控制要求，制定出定量的参数。建筑覆盖率越小，空地率越大，越有利于基地环境的改善。对开发商而言，容积率即为土地开发强度，它与基地的开发价值有关，因此，市中心地段的容积率要比一般地段高。

因住宅日照、通风等居住环境的需要，住宅容积率要比公共建筑容积率低。市中心地段的土地使用价值高，应优先考虑建造商业、金融、宾馆、办公等公共建筑，同时也可达到提高容积率的目的。容积率除了上述种种限制外，基地的具体条件也非常重要，如基地的形状和走向，四周建筑物的使用性质与耐火等级，在道路南侧还是北侧，基地周边的道路和河道情况及其红线、蓝线的控制尺寸，交通出入口以及建筑自身体型等。

5. 容积率

容积率并非越高越好，要具体问题具体分析。

在城市土地成本越来越高的情况下，适当提高建筑容积率可以分摊楼面地价，降低房地产开发的单位成本。这种做法在寸土寸金的香港特区甚为流行，在内地房地产市场处于卖方市场条件下的起步阶段，开发商盲目追求高容积率的情况也极为普遍。

实际上，容积率除了受城市整体规划限制之外，市场对容积率也是有要求的。基地开发建筑面积不一定取决于人们习惯使用的公式：建筑面积=基地面积×容积率。考虑容积率时，要对基地进行具体分析，这对项目的前期可行性研究至关重要，此外，可以通过科学的分析研究，在确保社会效益、环境效益的前提下求得共识。对有些开发基地来说，容积率不是一成不变的常数。仅仅通过提高基地的容积率来提高经济效是片面的，因为过高的容积率往往不利于城市景观和建筑自身环境的改善，并使市政公用设施高负荷运行，其结果反过来使商品建筑标准档次下降，影响销售，从而导致经济效益下降。

（二）设施与布局

住宅区的设施包括公共服务设施、道路与停车设施、教育设施、绿地与户外场地设施、管理设施和市政设施六大类。

设施服务半径指各项设施所有服务范围的空间距离或时间距离。一般来说，服务半径与设施分级有以下数据可供参考：居家距幼儿游戏场或儿童游戏场的步行距离为5分钟路程，居家离幼儿园或教堂的步行距离为10分钟路程，居家距小学或商业中心的步行距离为15分钟路程，居家距中学、超市的步行距离为20分钟路程，居家距医院的步行距离为30分钟路程。

各类公共服务设施宜根据设置规模、服务对象、服务时间和服务内容等服务特性的平面或空间组合布置。商业设施和服务设施宜相对集中布置在住宅区的出入口处，文化娱乐设施宜分散布置在住宅区内或集中布置在住宅区的中心，老人和住宅区居民进行综合性社区活动的设施宜安排在住宅区内较为重要与便捷的位置。各类教育设施应安排在住宅区内部，与住宅区的步行和绿地系统相联系，并宜接近住宅区的中心位置。中小学的位置应考虑噪声影响、服务范围以及出入口位置等因素，避免对住宅区居民的日常生活和正常通行带来干扰。

住宅区的绿地布局系统宜贯通整个住宅区的公共户外空间，并尽可能地通达至住宅，绿地布局应与住宅区的步行游憩布局结合并将住宅区的户外活动场地纳入其中。绿地系统不宜被车行道路过多地分隔成穿越，也不宜与车行系统重合。

各类户外活动场地应与住宅区的步行和绿地系统紧密联系或结合，其位置和通路应具有良好的通达性。幼儿和儿童活动场地应接近住宅并易于监护，青少年活动场地应避免对居民正常生活造成影响，老人活动场地宜相对集中。

（三）道路交通

建立人车分行交通组织体系的目的，在于保证住宅区内居住生活环境的安静与安全，人车分行的路网布局一般要求步行路网与车行路网在空间上不能重叠，无法避免时可以采用局部立交的工程措施。

人车混行的交通组织方式是指机动车交通和人行交通共同使用一套路网，具体地说就是机动车和行人在同一道路断面中通行。这种交通组织方式在私人汽车不多的地区既方便又经济，是一种常见而传统的住宅区交通组织方式。人车混行交通组织方式下的住宅区路网布局要求道路分级明确，并应贯穿于住宅区内部，主要路网一般采用互通型的布局形式。

住宅区交通组织考虑的因素包括合理处理人与车、机动车与非机动车、快车与慢车、内部交通与外部交通、静态交通与动态交通之间的关系，应使居民日常出行安全、便捷，使居民生活安静、舒适。在具体的规划中，如何处理这些关系应综合考虑住宅区规模、居民的交通结构，兼顾建设资金、居住环境等因素。

住宅区的路网布局应在住宅区交通组织规划的基础上，采用适合于相应交通组织方式的路网形式，并遵循以下原则：顺而不穿，通而不畅，保持住宅区内居民生活的完整与舒适；分级布置、逐级衔接，保证住宅区交通安全环境以及空间领域的完整；因地制宜，使住宅区的路网布局合理、建造经济、功能复合化，营造人性化的街道空间；空间结构整合化、构筑方便、系统、丰富和整体的住宅区交通、空间和景观网络，避免影响城市交通。

住宅区的交通组织方式一般可分为人车分行和人车混行两种基本形式，宜以适度的人车分行为主要方式。住宅区的道路布局应充分考虑周边道路的性质、等级和线型以及交通组织状况，以利于住宅区居民的出行与通行，并充分考虑对住宅区空间景观、空间层次、形象特征的建构与塑造所起的作用。各类停车设施的布局应依据居民出行的方便程度进行安排，居民的非机动车停车场所宜尽可能安排在室内，并接近自家单元，以一个住宅组群或 250~300 辆为单位集中设置。居民的机动车停车场所宜安排在室外为主，并在相对集中的前提下尽可能接近自家单元，晚间路边停车的方式可以考虑作为居民私家车停放的辅助方式之一。公交站点应接近住宅区的人行主要出入口。

住宅区级道路为住区内外联系的主要道路，道路红线宽度一般为 20~30 m，山地居民区道路宽度不小于 15 m。车行道一般需要 9 m，如通行公交车，应增加至 10~14 m，人行道宽度一般为 2~4 m。居住小区级道路是居住小区内外联系的主要道路，道路红线宽度一般为 10~14 m，车行道宽度一般为 5~8 m，在道路红线宽于 12 m 时可以考虑设人行道，其宽度为 1.5~2 m。

居住组团级道路为居住小区内部的主要道路，它起着联系居住小区范围内各个住宅群落的作用，有时也伸入住宅院落中。其道路红线宽度一般为 8~10 m，车行道要求为 5~7 m，大部分情况下居住组团级道路不需要设专门的人行道。

宅间小路是指通到住宅单元入口或住户的通路，它起着连接住宅单元与单元、住宅单元与居住组团级道路或其他等级道路的作用。其路幅宽度不宜小于 2.5 m，连接高层住宅时其宽度不宜小于 3.5 m。

一个较大规模的住宅区至少需要两个对外联系的出入口。当住宅区向城市交通性干道开出入口时，其出入口之间的间距不应小于 150 m；当住宅区的主要道路与城市道路相交时，其交角不宜小于 75°。住宅区内应设置残疾人通行的无障碍通道，通行轮椅的坡道宽度不应小于 2.5 m，纵坡不应大于 2.5%。

停车车位指标由城市规划、交通主管部门根据本地的实际情况制定。停车车位指标制定的偏高，会造成设计与施工困难，投资大量增加；相反则造成停车困难，不仅影响交通，而且还会影响大楼的正常运行，对于大型旅馆、饭店、商场和办公楼的停车问题，可通过开发地下空间来解决，但地面停车车位不得少于总停车车位的 1/10。大楼及裙房下设地下车库，柱网尺寸应考虑停车的合理性和城市用地的日趋紧张，水平层循环式、竖直循环式停车库已在我国研制成功，并投入使用。住宅地下自行车停车库应设室外出入口。

总平面布置和基地出入口总平面应保证基地内有车辆环道道路或回转场地，并符合机动车流与上下车及停车库之间交通组织的要求。基地内道路宜采取工程措施限制车速，确保交通安全。高层建筑总平面布置还应考虑消防要求。若基地位于城市主干路与次干路、支路相交的位置旁，出入口应设在次干路和支路上；若基地位于次干路和支路相交的位置旁，出入口应设在支路上。基地出入口距地铁出入口、人行横道线、人行过街天桥、人行地道应保持不小于 30 m 的距离。在城市道路上设置的机动车双向行驶的出入口车行道宽度宜为 7～11 m。

（四）建筑控制

1. 建筑高度

建筑高度的规定，不仅要考虑建设规模和规划参数的要求，还应考虑开发基地所在地区有关机场航线、气象观测、通信、消防的要求和控制。此外，还必须符合城市景观的要求，因为高层建筑对城市景观的影响较大，还要考虑对边界以外周围建筑的日照影响。在古建筑、保护性建筑附近的基地，还要考虑这些建筑对周围建筑高度的影响。

2. 建筑后退道路红线

沿路建筑退让道路红线的距离按当地规划部门要求执行，同时要满足消防、交通的要求。沿城市道路的建筑后退道路红线的距离，还要考虑与道路宽度、建筑高度的关系，即路幅比。建筑与边界应保持适当的间距，一般路段沿路建筑高度不得超过规划道路红线宽度，并为建筑后退距离的 1.5 倍。

3. 建筑间距

控制建筑间距是为了保证人们的工作、生活质量与安全，必须符合日照、通风、消防、工程管线埋设和建筑保护等方面的要求，同时还要考虑视线干扰因素。各地根据所在地区冬至日、大寒日两级日照标准制定多层和高层住宅日照间距，执行 GB 50180—93《城市居住区规划设计规范》（2002 年版）的规定。消防间距根据多层、高层及建筑耐火等级确定，国家规划部门有具体的规定。

（五）城市设计

城市设计应当塑造和谐的城市空间。从宏观来讲，建筑设计应从四维空间角度去分析新建筑的空间和建筑效果，"形、色、质"是视觉的三要素，建筑的立面总体上采用高明度、低彩度的色彩，与环境协调，但又不能千篇一律。从微观来讲，基地的交通出入口、停车车位、人流车流的处理、广场等开放空间与绿地水面、建筑小品和雕塑、沿街人行道铺设、橱窗铺面装潢及布置、夜间灯光照明等，都要认真策划、精心安排。除满足外部环境容量和整个建筑使用功能的需要之外，还要体现开发商的实力和对人的关怀，使人有一种安全、方便、亲切的感受。

单体建筑不仅要考虑自身的功能和体型，注重建筑的体和面、色影和明度，以及入口的处理,而且要考虑建筑群体的空间组合效果,建筑高度、形体、风格、色调、质感、轮廓线、广场、绿化、小品等要综合考虑。"点、线、体"构成的空间序列高低错落,疏密有致,使之构成较好的城市空间关系和良好的内部空间环境。

城市设计也应当营造优美的空间环境。环境设计是一门涉及多种专业的艺术,世间万物,千姿百态,种类之繁,无从数计。室外空间可以远至地缘天际,也可尺幅千里,关键是要认真把握真与假、远与近、高与低、曲与直、大与小、动与静、围与透、疏与密等处理手法,要做到匠心独运。

住宅小区选择地段一般是成熟社区且不在高架道路、交通主干道边上,不能离闹市区太远,感受不到都市的气息。地域环境所蕴含的人文气息与文化氛围将是心灵的陶冶、品位的提升,生态环境是人们选择居家的重中之重,生态环境有内、外之分。

外环境的标准应该是成熟的生态社会,交通便捷,污染少,社区河道环流,而内环境的达标要求则是花与树比例协调,绿荫与草坪搭配得当。只有将安全、宁静、舒适的生活空间与快捷、有效、充满生机的功能完美结合,才能为居住者营造出和谐有序、品位高尚的高品质住宅。

(六)建筑空间

改善人居环境的一个基本保证是全方位提高住宅品质,并且还要把工程质量、功能质量和环境质量作为未来住宅发展的重要标准衡量。这主要体现在以下几个方面:一是住宅的功能空间要更加合理,要在较小的空间内创造较大的舒适度,提高单位住宅面积使用率和功能空间的合理性;二是住宅的物理性能要有较大的改善,使住宅在保温、隔热、隔声、通风、采光、日照等方面具备良好的物理性能;三是进一步提高住宅设施设备的装备水平,促进高效、实用的厨房及卫生间设施、采暖与制冷系统、智能化技术等在住宅中的推广使用;四是居住区的环境与配套水平要更加完善,努力创造自然和谐、朴实优美、安全环保、舒适便捷的住宅环境;五是提高住宅的耐久性,即提高设计水平、增加住宅的可改造性、延长使用寿命。

根据建筑整体使用的合理性,把不同功能的空间在三维方向进行有序的组合,各相关空间由水平方向的走廊、道路和垂直方向的楼梯、电梯等进行联系,空间的形式、面积、净空高度、装饰标准和风格,首先要符合使用要求,其次考虑技术、经济的合理性,把握好空间三要素"量、形、质"。例如,出租办公楼的功能组合和空间组合,大楼的动线或流线清楚,将这些空间根据基地规划参数、建筑规模等限定条件,在三维空间进行合理的组合。再如,宾馆的功能组合和空间组合,住宿客人进入门厅后,可以稍作休息,办理住宿手续或行李寄存,然后到客房住宿,也可去商场购物,理发室美容,或去健身娱乐,也可去用餐,如要参加宴会,可直接进入宴会厅。大中型旅馆的各相关空间按流线组合,以达到管理和使用的要求。

建筑层高首先要满足使用功能的要求,如果空间平面尺寸较大,还要考虑人的心理感受,为了避免产生压抑感,要适当增加净空高度。同时,建筑层高又与建筑控制高度、容积率、覆盖率等规划参数有关。层高偏大不仅会增加造价,而且不利于抗震和节能。

对层高的取值要综合考虑，这里就有"经济层次"的概念。取一个既满足规划参数和城市景观需求，又能获得理想利润的建筑层次，就是建筑的经济层次。

建筑要有品位，建筑风格在地区中要有特色、有新意，做到别具一格、不落俗套。套型应该符合居住者的要求，有家的感觉，在考虑超前性、舒适性、功能性的同时还要兼顾视觉、触觉、感觉。应当处处以住户的要求出发。在工程技术允许的条件下，满足居住者对套型不断变化的愿望。房屋的面积定位要合理，应充分考虑居住者发展的要求。在建筑式样上也应该有多种变化，要有标准套型、错层套型、复式套型等多种式样和各种面积大小规格不一的房型，同时智能化也是当前人们购房的首要条件之一。

区域地段、生态环境、建筑品位、房型、面积和智能化六位一体，相得益彰，是真正好房子的基本条件，缺一不可。开发商只有以购房者追求住宅升华、升值的目标为出发点时，才能真正为购房者谋福利。消费者对住宅的功能提出了越来越多的要求，住宅功能如教育、旅游休闲、健身、商务活动等，又不能全部由开发商来承担，所以要学会借势。同其他行业一起发展。

住宅区的私密空间指住宅户内空间和归属于住户自己的户外平台、阳台和院子空间等。半私密空间指住宅群落围合的、属于围合住宅院落的空间，包括其中的绿地、场地、道路和车位等。半公共空间指若干住宅群落共同构筑的、属于住宅群落的街坊、居住小区或居住区外部空间，包括公共绿地、公共服务设施、开放的公共场地、小区级和组团级道路及车位等。公共空间指归属于城市空间的居住区或城市外部空间。住宅区各层次生活空间的构建宜遵循半私密、半公共、公共逐级衔接的布局组合原则，若要求私密性强，则尺度宜小，围合感宜强，通达性宜弱；若要求公共性强，则尺度宜大，围合感宜弱，通达性宜强。半私密空间宜注重独立性。半公共空间宜注重开放性、通达性、吸引力、职能的多样化和部分空间的功能交叠化使用，以塑造城市生活的氛围。

由于城市用地日趋紧张，地价日益升高，交通管理的规范化、经济和技术的发展，加上地下空间面积不计入容积率和批租楼面价之内，因此，开发商对地下空间日趋重视。地下空间除满足整个建筑供水、供电、空调及通风系统等各方面的需要外，还可作公共活动场所和商场使用，但多数是解决基地的停车问题。

建筑设备配置与选型不仅与建筑的标准、安全、正常使用有关，而且对开发成本的影响也很大。一般来说，功能要求高的工程，设备费用占总造价费用的 40%~50%。房屋建筑设备主要包括电梯、空调及通风系统、电视监控、有线或闭路电视、卫星接收系统、对讲系统、通信系统、消防报警系统、上下水、污水处理系统、供电以及厨房卫生设备等。

（七）景观与形象

住宅区的空间景观应从建筑层数的选择与分布，各层次外部空间的衔接、布局、形态、用途和尺度，街道的格局与形式和建筑的布局与风格等方面综合考虑空间景观的组织，特别应该考虑沿住宅区内部道路和周边道路行进时的景观变化与特征表现。住宅区空间景观的塑造应注重城市历史与文化传统的作用，以及在此影响下形成的城市空间格局对居民生活的意义，并将城市历史与文化传统努力赋予住宅区的空间景观系统纳入到整个城市或地区之中，形成一个整体。应充分考虑住宅内外现有的自然环境，在充分保持与合理利用的原则下，适当改造住宅区内的自然景观，并将住宅区内外的自然景观纳入住宅区空间景观的构筑框架之中。

住宅区的户外环境景观包括软质景观和硬质景观两大类。其中，软质景观以植物配置布局为主要内容。硬质景观包括地坪、地面铺装、踏步坡道、护坡、围栏、树穴、屏障、环境小品和水体。住宅区户外环境景观设计的主要目标是营造生态化、景观化、宜人化、舒适化的物质环境以及和睦、亲近、具有活力的社会文化环境。

三、住宅建筑项目设计主要内容

（一）功能定位

住宅的功能定位要考虑以下几方面问题：

1. 个性化

建筑不但具有功能性，还具有艺术性、地标性。建筑潮流、市场意识、业主品位、建筑师个人哲学观念与修养、行政政策等对建筑的创作和形成都有不同程度的影响，这就需要多途径地发掘传统建筑文化风格。借鉴国外建筑文化特色，汲取现代建筑文化精华，并加以糅合提升，创造极富个性魅力、文化蕴藏深厚的新建筑。创造一种产品，既要有前瞻性，又要准确把握市场，只有这样才能真正实现个性化的定位和个性化的营销。开发商要不断创新、不断改进，建造出有特色、能够满足人们的居住需求的住宅，找到自己的市场空间。

2. 为中产一族服务

为中产一族服务是房地产开发盈利的一个良好经验。中产一族事业成功，收入颇丰，又有文化，有品位，有情调，有激情。中产一族的生活方式、消费方式都是理性的。在购房问题上，中产族并不用房子来显富，而是既要求舒适，又追求文化含量，要能处处体现出主人的尊产、品位、体现潮流，要有利于树立他们的社会形象。

3. 主力户型

房地产项目的卖点不是随便就能制造出来的，它是对市场需求、消费群体、竞争对手、楼盘特色、地理位置和人文环境等一系列要素进行整合、集成创造出来的。在个性营销时代，市场要细分，打造出自己的特色，盯牢自己的消费群体，寻找自己独特的卖点。随着经济与社会发展和生活水平的不断提高，考虑房型时应以三口之家为主，最好以两室一厅和三室一厅两卫、双阳台为主力户型，建筑面积为 75～130 m^2 最适宜、最受欢迎。随着生活水平的逐步提高，后一种房型所占比重将进一步增大。

4. 别　墅

别墅是近来出现于我国各大城市的高标准住宅，别墅有以下几个特点：容积率一般在 0.4 左右；多数没有独立的庭园，几栋或十多栋楼散落于一个有封闭围墙的花园内；少数有独立的庭园，但面积很小。一般在建筑的向阳面用半人高的栅栏围成一个 50 m² 左右的小园。别墅建筑通常为 2~3 层，混砖结构，往往有 3~4 间卧室，并有厨房、卫生间、起居室、客厅、书房和餐厅，功能划分简洁，装饰因个人的经济实力和情趣而异。别墅建造区位大都在郊区风景比较优美的地方，一般为外商或大腕级的内商购买。

5. 高层住宅

高层住宅具有以下 3 个特征：一是层高，一般为 2.8~3.0 m；二是户均面积有大有小，一般为 100~120 m²，小的只有 65 m² 左右，大的有 170~240 m²；三是户型多为两室一厅，三室一厅和四室一厅。高层住宅每户厨房、卫生间的面积略有缩小，但布局比较紧凑，厨房为封闭式，一般为 4~5 m²。从总体上看，新建高层住宅比较经济、适用。

6. 多层住宅

多层住宅一般为 6 层、7 层的砖混结构房屋，分为中档和低档两类，大多是两室一厅或三室一厅。房地产开发商是中高档住宅的主要供给者，作为商人的经营目标首先是取得利润，因此，开发商倾向于开发中高档住宅和低档偏高的住宅。政府是低档住宅的主要供给者，用来建造政府财政投资的安居房和经济适用房。

7. 小户型

无论是上海、深圳还是广州，近年来小户型的热销是一个不争的事实，小户型通常被首次置业的年轻人看好。作为过渡型的住宅品种，小户型的确具有很大的市场空间。不少小户型的业主表示，等经济条件成熟以后，他们会将原来的小户型房子通过二手房市场卖掉，用来支付二次置业的首期款不成问题。有的人索性将小房子出租，用每月的租金来还二次置业的供款，可谓轻松实现滚动置业，也就是所谓的"楼赚楼"。上海房地产市场推出的单身女性公寓，就是准确切入市场空白点的实例。

8. 建筑风水

南方城市进行房地产开发时，由于台商、港商讲究建筑风水，常常因为度假在大陆购置房地产，因此，开发商可适当考虑建筑风水问题，以适应台商、港商的要求。

9. 酒店式公寓

酒店式公寓带来了一定的启示。对于商业旺地和周围自然景观无特别之处的住宅楼宇如何规划，这让开发商感到十分困惑。在商业繁华地段建住宅，由于地价成本高，必须走高档化的道路，但户型面积太大，总楼款自然就上扬，销售阻力增大。在这种情况下，酒店式公寓悄然兴起，它综合了酒店、住宅、办公等物业的功能，重新组合成为一种新型物业。

10. 老龄化问题

社会老龄化问题不可忽视。人口老龄化是21世纪的一个重大社会问题。就中国而言，人口老龄化发展不均衡，上海、浙江、北京、江苏、天津和广州等地已先后进入老龄化社会。应特别注意满足老年人不断变化的住房和行动需要，其对策就是兴建老人住宅。老人住宅有以下设计要求：一是楼层不宜太高，六层以上必须设电梯。电梯间和楼梯道宜大，可放置轮椅或安装升降椅。二是住宅入口及门口面积宜适当增大，便于轮椅通过，并在过处安装或预留装扶手的埋件。三是室内地板应当平坦、防滑、没有高差，不可设置门槛等障碍物，以防止老人摔跤和便于轮椅通行。四是浴池底也应防滑，浴池、厕所、楼梯、走廊应设扶手，厨房、卫生间面积要适当加大，便于坐凳或坐轮椅使用。

（二）建筑风格和造型

对于建筑的风格和造型，应考虑以下几方面问题。

1. 注意避免跟风、跟潮

开发商在开发楼盘时，建筑风格要避免盲目跟风、跟潮，立面设计应风格多样，每种风格都有一定的标准，要强调细部处理，比例适当，这既要求建筑师有足够的修养，也要求开发商能够予以配合，不影响设计理念的体现。而审视目前力吹的"欧陆风"，一些开发商未能把握好要求，做得不像只会引人反感。避免一味将求新当作求好，其实新并不一定等于好，求新走到极端会带来负面效果。建筑设计除了求新外，还需考虑建筑物所处位置、功能等多方面的因素。

2. 注意整体规划

不能忽视整体规划风貌。例如，古都城市的建筑风格应气派、宏伟，城市建筑立面要弘扬这种特色。如果造型参差错落不够，屋顶变化不多、沿街立面不够丰富，则较为单调。立面装饰材料的选用应与建筑物的功能性质相吻合，不同性质的房屋宜采用不同的材料。色彩选择方面也要注意，如立面装饰色彩过于灰暗、单调，不够活泼多样，色彩运用上忽视与人的普遍心理相和谐。如红色一方面有鲜艳、热情、奔放之感，另一方面也会使人心情烦躁，而蓝色、绿色则是较为适用的两种颜色，既不会破坏环境的协调，又会使人心情平和自然。

3. 注意合理变换形体

建筑形体上的大线条（如直线和曲线、垂直线与水平线）所形成的对比，能给人的视觉产生较强的引导作用。

（1）对于建筑整体而言，它的边缘和角部正是视觉临界面的重要所在，对于决定空间性质的开敞、封闭或是流动，具有很强的界定作用，因此，要塑造良好的视觉造型，建筑的这些部位就尤为重要。

（2）在建筑造型中形体的合理变换可以加大对人的视觉刺激，从而在建筑与人之间产生强烈的心理共鸣。如架空层或过街楼的合理运用都会对消除封闭感、避免视觉疲劳起到一定的积极作用。同时，建筑表面洞口的大小、形状与明暗深浅的变化，对建筑功能的表现、风格的反映是十分重要的。在建筑设计中，建筑师常在连续的建筑立面中挖出一个硕大的空洞，其洞口往往可达几层之高。这样的处理手法虽然在建筑功能上不一定有十分明确的作用，但它给冗长的立面以通透感，对创造良好的视觉环境起到很好的效果。

（3）一方面，如人们在日常生活中所接触到的单元式住宅，由于户型的相对统一，其垂直方向同一元素的重复出现，常常会造成垂直线条过于突出，使建筑立面显得单调。这时在水平方向适当添加连通的阳台或是连续的线脚，无疑就会平衡这种感觉，从而丰富立面造型。另一方面，在造型中，对弧线的合理运用也是十分必要的。它可以避免建筑中的线条过于僵硬，在某种程度上，也起到了柔化立面、使之亲切宜人的效果。

4. 注意整体造型

当一栋建筑被人的视觉感知时，它就作为一个从周围空间抽取出来的整体，窗与窗之间、墙与墙之间的各个部分都保持着力的关系，并且作为一个整体对人们的视觉产生作用。在系列建筑中，通过设计整齐的门窗、精致的檐口以及华丽的柱头装饰，可以给人以幽雅安静的感觉，就连小巧的阳台也常常会给人带来愉快开朗的心情。

5. 注意合理运用色彩

在现代建筑设计中，色彩往往作为改善建筑物功能和美学效果的手段。一方面，色彩经常被用来加强建筑造型的表现力，从而丰富建筑的空间造型。另一方面，色彩的合理运用也能使建筑的复杂造型得以统一。在某种程度上，和谐的色彩起到了进一步完善建筑造型的作用。

（三）房型设计

人们在购买商品房时，除了关心价格、层次、地段之外，还会仔细捉摸房型。一位购房者说："买房子，一定要选称心的房型，不然，买了以后再东敲西拆加以改造，这又何必呢。"确实，房型成了影响商品房是否畅销的重要因素。

在一般情况下，人们宁可让阳台与卧室相造，也不愿阳台与客厅相连，因为把衣裤晾在客厅的阳台上，来了客人，感觉很不难观，也有的房型的厨房紧靠走廊，结果排烟器排出的油塌充满走席，这同样也不受欢迎。过去的卫生间包括浴盆和抽水马桶，如今的新潮房型讲究卫生间仅仅是厕所，而浴室包括浴盆和梳妆台，与厕所分开。应当说卫浴分开确实不错，尤其是受女士们的欢迎，因为她们可以在没有马桶的卫生间里精心打扮，所以，这样的新房型一推出便受到购房者青睐。当然，卫浴分开增加了面积，也就增加了房价。

（四）住宅设计

1. 卧　室

卧室是休养生息的主要场所，私密性和独用性最强，是住宅最核心的部分。目前，在标准较高的住宅中，以卧室为主体的居住面积占住宅建筑面积的比例还不到50%。卧室功能独立和居住面积比例逐步降低，是住宅标准提高的标志，反映了其他辅助面积增加和功能的完善。人均卧室居住面积和间数的多少，是国际上通行的衡量一个国家居住水平高低的标准。

2. 厨　房

厨房是人们做饭的场所，花园式住宅和公寓式住宅一般都有独用的厨房，而传统的平民住宅大都没有专用的厨房，这同当时城市中没有煤气，主要烧柴、烧煤，做饭并不需要严格的隔离有关。随着城市管道煤气的使用，要求厨房封闭设置，新建住宅开始注意专用厨房的设计。特别是1949年后新工房的建设中，设置了几户合用的专门厨房，最早的新工房独用厨房的面积比较小，一般在 2 m² 左右，或在过道边上设置。进入20世纪70年代，独用的厨房开始流行于新建的职工住房中，并受到普遍的欢迎。后来随着热水器、冰箱等厨房设备的产生，厨房面积呈现由小向大发展的趋势向。进入20世纪90年代，一般住宅的厨房面积扩大到 3.5~4.5 m²，有的已达到 6~10 m²，与餐厅布置在一起。

3. 卫生间

卫生间是人们如厕和清洁身体的专门场所，早期的卫生间功能主要是前者，因而面积较小。随着城市生活文明程度的提高和卫生间设备的改善，洗涤等功能逐渐从厨房、卧室中分离出来，成为卫生间的主要功能之一，卫生间面积逐渐扩大。在20世纪五六十年代建造的住宅中，卫生间常常是几家合用，当然功能主要在用厕上。从20世纪70年代开始，新建的住宅就为每户独设一个卫生间，体现了居住质量的显著进步。进入20世纪90年代，较高标准的新建住宅开始设置每户两个卫生间，这最能反映一个国家或一个城市人民的居住水平。

4. 起居室

起居室是家庭会客、娱乐、休闲的主要场所。在1949年前建造的住宅中，一般只有花园式住宅、公寓式住宅和部分较高档的里弄住宅设有起居室，1949年后建造住宅一开始主要为解决居室问题，从20世纪80年代初才开始设置起居室。起居室的设计开始面积较小，一般为 8~10 m²。有的还是过道厅，很不规则。由于当时仍比较重视卧室的朝向和面积的大小，起居室的设置往往朝北，有的夹在房间的中间位置，不能直接采光。随着人们生活水平的提高和空调设备进入家庭，起居室在日常生活中的使用频率和地位越来越高，面积逐步扩大到 15~20 m²，有些中高档住宅的起居室达到 25~40 m²，位置也由北面、中间移向南面。有朝阳的起居室已成为人们崇尚的房型之一。随着起居室面积的扩大，功能也越来越多，有不少房型的起居室带有衣帽间、餐厅、健身角等，有的用半人高的活动间隔作分隔，有的用半透明的材料作分隔。起居室设置已成为人们居住、生活质量提高的标志。

5. 书　房

书房是读书、写作或做其他案头工作的场所。在住宅中，除部分花园别墅和高层公寓外，绝大多数的住宅没有专门的书房，这反映出我国城市居住水平长期以来处于贫到温饱的状况。但随着信息高速公路的建设，计算机逐步进入千家万户，脑力劳动者将会逐步增加。家庭书房和工作室的设置将会越来越受到购房者的重视。

6. 储藏室

储藏室是家庭放置因季节变化而暂时不用物品的地方。在近代和现代住宅中，除花园别墅和公寓外，其他类型的住宅一般都没有储藏室。家庭暂时不用的物品只能挤压在大橱、抽屉内，有些堆放在床底、角落、阳台等地方，使房间拥挤、零乱。家庭储藏室可以改变这种现象，它的作用为越来越多的人所认识。从近两年商品住宅的销售情况来看，设有储藏室的房型普遍受到购房者的欢迎。一般标准的商品住宅设有 $1.5 \sim 2\ m^2$ 的储藏室，中、高标准的住宅储藏室更大一些，有些达到 $3 \sim 5\ m^2$。储藏室的功能也逐步被发掘，有些家庭的储藏室不仅被当作储藏物品的地方，适当装饰兼作更衣室用，置放家庭贵重物品等。储藏室的配置使卧室、起居室的布置显得整齐、宽敞。

7. 车　库

车库是家庭放置汽车等交通工具的场所。除花园别墅设有车库外，高层公寓和多层住宅设公共车库，有些只有自行车库。小汽车一般停放在楼房前后的空地上。近几年来，汽车逐步进入普通家庭。新建住宅一般按每 $3 \sim 8$ 户设一个车位的比例来建公共车库。随着拥有小汽车家庭数量的增加，公共车库的建设将会趋向按每户一个车位的比例设置，那时车库将成为住房的一个重要组成部分。

本章小结

本章主要对我国的房地产开发概念和流程、房地产开发土地的获取、房地产开发项目规划设计主要内容进行了介绍，重点掌握房地产开发的基本流程和房地产项目规划设计的主要内容。

关键概念

房地产　　项目　　开发　　规划设计

思考题

1. 房地产开发的概念及流程。
2. 房地产开发土地获取方式有哪些？
3. 试结合房地产项目规划设计相关知识分析当前房地产开发项目的主要特点。

第四章案例拓展　　　　第四章微课视频

第五章
房地产市场营销

第五章课件PPT

学习目标

通过本章的学习,了解房地产市场的含义、分类及功能,影响房地产营销策略的有关因素;理解房地产市场的特点,房地产均衡价格的形成,房地产定价方法和价格调整策略;熟悉房地产市场体系及房地产市场结构的四种类型;掌握房地产价格及其影响因素,房地产营销环境分析的内容,各种促销策略及运用。

知识目标

1. 房地产市场的特点。
2. 房地产市场需求和供给的影响因素。
3. 房地产价格的影响因素。
4. 影响房地产营销策略的有关因素。
5. 房地产营销策略的相关内容。
6. 房地产营销环境分析的内容。

能力目标

1. 会运用房地产市场知识分析房地产现象。
2. 会分析房地产项目的营销策略的运用。
3. 能评价房地产项目的促销策略及运用。
4. 会运用房地产项目进行营销环境的分析知识分析相关案例。

案例导读

碧桂园保利云禧
——地产+文创=网红楼盘

在探索将文创价值嫁接到项目价值的道路上,碧桂园保利云禧,2019比谁都走得要远。仅3天时间就增粉500+,朋友圈浏览量超3万次!2019年3月,碧桂园保利云禧跨界国潮文创，重磅推出云禧文创，打造独有的"鹤IP"，开创了重庆地产跨界文创的先河。5—7月，"鹤IP"推出了营销总代言人——王洪，高颜值+自带流量的代言人，KOL的传播，让流量指数激增，也将鹤IP推向了所有都市潮人，引发全网讨论。

随后，云禧文创又特地选择了"520"这个特殊的日子，在民政局门口对年轻的新婚夫妇们进行了甜蜜街访，通过情感共鸣、人际传播，形成了极大的社会影响力。

线上，云禧文创可爱的表情包、精致的手绘稿，风靡全城。线下，漂亮的国风包包、丝巾、箱子等文创产品，更受到大批城市潮人追捧。

8月，项目推出"鹤你在一起，奶爸伴娃行"活动，参与人数超1万，浏览量超30万。鹤，已和云禧一样，已经成为该楼盘的超级符号。

（案例来源：https://baijiahao.baidu.com/s?id=1653966757990732508&wfr=spider&for=pc.）

阅读以上案例，思考以下两个问题：
1. 你认为碧桂园保利云禧成功的地方主要在哪些方面？
2. 碧桂园保利云禧运用了哪些营销策略？

第一节 房地产市场

一、房地产市场的含义

（一）房地产市场的概念

房地产市场是从事房产、土地的出售、租赁、买卖、抵押等交易活动的场所或领域。房产包括作为居民个人消费资料的住宅，也包括作为生产资料的厂房、办公楼等。土地历来都是生产要素，因而从事土地买卖、租赁、抵押活动的地产市场，也是生产要素市场的组成部分。在中国，城市土地归国家所有，农村土地归集体所有，永久出让土地所有权是不允许的。因此，一般说来，地产市场的交易活动是土地使用权的转让或租赁。

（二）房地产市场的特点

1. *房地产市场供给和需求的高度层次性和差别性*

由于受人口、环境、文化、教育、经济等因素的影响，房地产市场在各个区域间的需求情况各不相同，房地产市场供给和需求的影响所及往往限于局部地区，所以，房地产市场的微观分层特性也较为明显。具体表现在，土地的分区利用情况造成地区及一个城市的不同分区，不同分区内房产类型存在差异，同一分区内建筑档次也有不同程度的差异存在。

2. *房地产市场交易对象和交易方式的多样性*

房地产市场上进行交易的商品不仅有各种各样的、不同用途的建筑物，还包括与其相关的各种权利和义务关系的交易。交易方式不仅有买卖、租赁，还有抵押、典当及其他的让渡方式。

3. *房地产市场消费和投资的双重特性*

房地产可以保值、增值，有良好的吸纳通货膨胀的能力，因而作为消费品的同时也可用作投资品。房产的投资性将随着收入的提高得到进一步的拓展。

4. *房地产市场供给和需求的不平衡性*

房地产市场供求关系的不平衡状态是经常会发生的。虽然价格和供求等市场机制会产生调整供求之间非均衡态的作用，但随着诸多市场因素的发展变化，原有的均衡态将不断被打破，因此，房地产市场供求之间的不平衡性将长期存在，而均衡始终只能是相对的。

5. *房地产市场与股票市场的重要区别*

房地产市场不是一个全国统一市场，而是一个分散的、区域性分割的市场。我国地域辽阔，各地发展极不平衡。每个地区的收入水平、经济状况、地理环境和文化背景的差异，决定了各自房地产市场的结构、供求关系和价格水平的不同。因而中央不可能像调节股票市场那样，直接调节区域性的房地产市场。

6. 房地产开发是地方经济和城市发展规划的一个有机部分

房地产业是政府监管最严的行业之一。政府控制土地，它通过土地供应和城建规划，把住房发展纳入其中，从而直接控制该地区的住房发展模式。一个楼盘从选址、设计、建造、验收到销售，几乎每一个环节都要经过地方政府的严格审批和监督。显然，对房地产市场的微观调控已经是地方政府的职责范围。

（三）房地产市场的功能

房地产市场是房地产业进行社会再生产的基本条件，可以带动建筑业、建材工业等诸多产业的发展。房地产市场通过市场机制，及时实现房地产的价值和使用价值，提高房地产业的经济效益，促进房地产资源的有效配置和房地产建设资金的良性循环。房产市场能够引导居民消费结构合理化，有利于改善居住条件，提高居民的居住水平。因此，房地产市场是房地产市场体系中最有代表性，也是最重要的部分，处于主体地位。

二、房地产市场的分类

房地产市场按照不同标准、不同方法，可作出不同的分类。

1. 按组成要素分类

（1）土地使用市场。这是按国家对城市土地使用权的有偿出让和获得土地使用权者将开发的土地使用权有偿转让的场所。

（2）房产市场。这是指房产的转让、租赁、抵押等交易场所，包括房屋现货和期货的交易场所。

（3）房地产资金市场。这是指通过银行等金融机构，用信贷、抵押贷款、住房储蓄、发行股票、债券、期票，以及开发企业运用商品房预售方式融资等场所。

（4）房地产劳务市场。这是指物业管理，室内外装饰、维修、设计等活动的市场。

（5）房地产技术信息市场。这是指提供房地产信息咨询、可行性研究等技术服务场所。

2. 按房地产流通顺序分类

（1）一级房地产市场。又称土地出让市场。这是国家垄断的市场。

（2）二级房地产市场。又称增量房地产市场。这是指生产者或者经营者把新建、初次使用的房屋向消费者转移，主要是生产者或者经营者与消费者之间的交易行为。

（3）三级房地产市场。又称存量房地产市场。这是指使用者之间、经营者之间以及相互之间的交易行为。二、三级房地产市场是一级房地产市场的延伸和扩大，可以促进房地产市场的繁荣。

三、房地产市场的供求分析

供求理论是房地产市场运行和价格变动的核心理论。房地产市场的波动,房地产价格的高低及其变动,从经济学上讲,是由房地产的供给和需求这两种相反的力量共同作用的结果。

(一)房地产需求

1. 房地产需求的概念

房地产需求是指消费者在某一特定的时间内,在每一价格水平下,对某种房地产所愿意并且能够购买的数量。需求与需要既相关又不同,其形成条件有两个:一是消费者愿意购买,有购买欲望;二是消费者能够购买,即必须有支付能力。

2. 决定房地产需求量的因素

某种房地产的需求量是由许多因素决定的,除了随机因素,经常起作用的因素有:① 该种房地产的价格水平;② 消费者的收入水平;③ 消费者的偏好;④ 相关物品的价格水平;⑤ 消费者对未来的预期。它们对房地产需求量的影响分别如下:

(1)该种房地产的价格水平。一般来说,某种房地产的价格如果上升了,对其需求就会减少;如果下降了,对其需求就会增加。其他商品的需求量与价格的关系一般也如此。由于需求量与价格负相关的这种关系非常普遍,经济学家称之为需求规律。

需求规律的例外是炫耀性物品和吉芬物品。炫耀性物品是用以显示人们的身份和社会地位的物品。因为这种物品只有在高价位时才能起到炫耀作用,所以,其需求量与价格成同方向变化。吉芬物品是指某种生活必需品,在某种特定的条件下,消费者对这种商品的需求与其价格成同方向变化。19世纪英国人吉芬发现,在1845年爱尔兰大灾荒时,马铃薯价格上升,但人们对马铃薯的需求却不断增加,这一现象在当时被称为"吉芬难题"。这类特殊物品以后也因此被称为吉芬物品。

(2)消费者的收入水平。因为消费者对商品的需求是有支付能力支持的需要,所以,需求量的大小还取决于消费者的收入水平。对于正常商品来说,当消费者的收入增加时,就会增加对商品的需求;相反,就会减少对商品的需求。但对于低档商品来说,当消费者的收入增加时,反倒会减少对商品的需求。

(3)消费者的偏好。消费者对商品的需求产生于消费者的需要或欲望,而消费者对不同商品的欲望又有强弱缓急之分,从而形成消费者的偏好。当消费者对某种房地产的偏好程度增强时,该种房地产的需求就会增加;相反,需求就会减少。例如,如果城市居民出现了向郊区迁移的趋势,则对市区住宅的需求将会减少,而对郊区住宅的需求将会增加。

(4)相关物品的价格水平。当一种房地产自身的价格保持不变,而与它相关的物品的价格发生变化时,该种房地产的需求也会发生变化。与某种房地产相关的物品,是指该种房地产的替代品和互补品。某种房地产的替代品,是指能满足类似需要、可替代它的其他房地产，如经济适用住房与普通商品住宅之间，宾馆与写字楼之间就存在着一定的替代关系。在替代品之间，一种房地产的价格上升，另一种房地产的价格如果不变，则对另一种房地产的需求就会增加。

某种房地产的互补品，是指与它相互配合的其他房地产或物品，如住宅与其配套的商业、娱乐房地产，大城市郊区的住宅与高速公路收费。在互补品之间，对一种物品的消费如果多了，则对另一种物品的消费也会多起来。因此，一种房地产的互补品的价格低时，对该种房地产的需求就会增加。例如，大城市郊区的住宅，当降低或取消连接它与市区的高速公路收费时，对其需求就会增加。

（5）消费者对未来的预期。消费者的行为不仅受许多现实因素的影响，还受其对未来的预期的影响。例如，现时消费者的需求不仅取决于其现在的收入和房地产目前的价格水平，还取决于消费者对未来收入和房地产未来价格的预期。当消费者预期未来的收入会增加时，就会增加现期需求；相反，就会减少现期需求。当消费者预期房地产价格未来会上升时，就会增加对房地产的现期需求；相反，就可能持币待购，减少对房地产的现期需求。

由上可知：当一种房地产的价格低时，当消费者的收入高时，当消费者对该种房地产的偏好程度增强时，当该种房地产的替代品价格高或互补品价格低时，当消费者预期未来的收入会增加或该种房地产的价格未来会上升时，消费者对该种房地产的当前需求通常更多；反之，消费者对该种房地产的当前需求通常更少。

3. 房地产需求曲线

房地产的需求曲线表示房地产的需求量与其价格之间的关系——某种房地产的需求量如何随着该种房地产价格的变动而变动。在图 5.1（a）中，根据习惯，以纵坐标轴表示某种房地产的价格（P），横坐标轴表示该种房地产的需求量（Q），因为在价格较高时需求量减少，在价格较低时需求量增加，所以我们得到的是一条向右下方倾斜的需求曲线（D）。

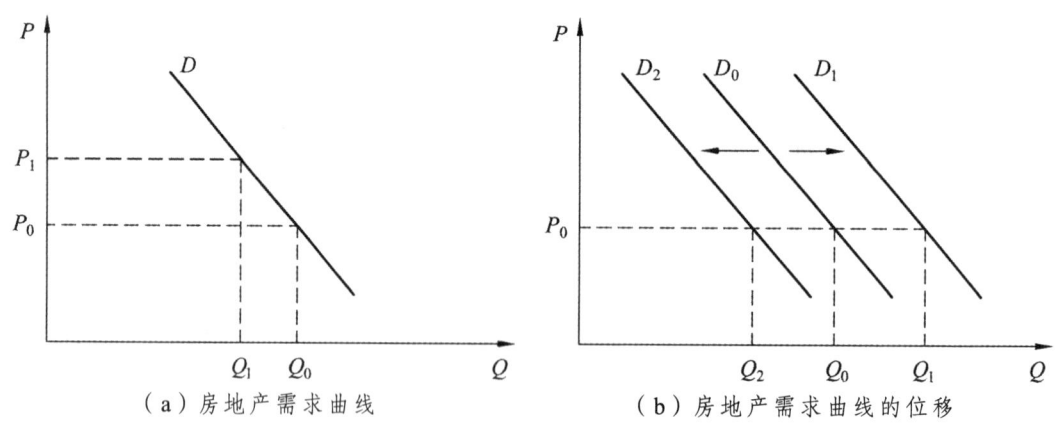

（a）房地产需求曲线　　（b）房地产需求曲线的位移

图 5.1　房地产需求曲线及其位移

如果考虑影响房地产需求量的非价格水平因素，那么需求量不再是沿着需求曲线变动，而是整个需求曲线发生位移。例如，消费者的收入水平、偏好、对未来的预期和相关物品价格水平的变化，会改变消费者在给定价格水平下对房地产的需求量。如果在每一价格水平下需求量都增加了，需求曲线就会向右位移；反之，需求曲线就会向左位移。如图 5.1（b），以 D_0 为基础，如果消费者的收入水平提高，由于在相同的价格水平下需求量增加，整个需求曲线将由 D_0 向右位移到 D_1；如果消费者的收入水平下降，由于在相同的价格水平下需求量减少，整个需求曲线将由 D_0 向左位移到 D_2。

（二）房地产供给

1. 房地产供给的概念

房地产的供给，是指房地产开发商和拥有者（卖者）在特定时间、以特定价格所愿意且能够出售的该种房地产的数量。形成供给有两个条件：一是开发商或拥有者愿意供给，二是开发商或拥有者有能力供给。

$$供给量 = 存量 - 拆毁量 - 转换为其他种类房地产量 + \\ 其他种类房地产转换为该种类房地产量 + 新开发量$$

2. 决定房地产供给量的因素

某种房地产的供给量是由许多因素决定的，除了随机因素，经常起作用的因素有：

1）该种房地产的价格水平

一般地说，某种房地产的价格越高，开发该种房地产就越有利可图，房地产开发商愿意开发的数量就会越多；相反，房地产开发商愿意开发的数量就会越少。供给量与价格正相关的这种关系，被称为供给规律。

2）该种房地产的开发建设成本

在某种房地产的价格不变的情况下，当其开发建设成本上升，房地产开发利润率就会下降，从而会使该种房地产的供给减少；相反，会使该种房地产的供给增加。

3）该种房地产的开发技术水平

在一般情况下，开发技术水平的提高可以降低开发成本，增加开发利润，房地产开发商就会开发更多的房地产。

4）房地产开发商和拥有者对未来的预期

如果房地产开发商对未来的预期看好，从而会使未来的供给增加，同时会把现在开发的房地产留着不卖，待价而沽，从而会减少房地产的现期供给；如果房地产开发商对未来的预期是悲观的，其结果会相反。

由上可知：当一种房地产的价格高时，当该种房地产的开发成本低或开发技术水平提高时，当房地产开发商和拥有者预期该种房地产的价格未来会上升时，该种房地产的当前供给通常会增多；反之，该种房地产的当前供给通常会减少。

3. 房地产供给曲线

房地产的供给曲线表示房地产的供给量与其价格之间的关系——某种房地产的供给量如何随着该种房地产价格的变动而变动。在图 5.2（a）中，根据习惯，以纵坐标轴表示某种房地产的价格（P），横坐标轴表示该种房地产的供给量（Q），因为在价格较低时供给量减少，在价格较高时供给量增加，所以我们得到的是一条向右上方倾斜的供给曲线（S）。如果考虑影响供给量的非价格水平因素，那么供给量不再是沿着供给曲线变动，而是整个供给曲线发生位移。如图5.2（b），以 S_0 为基础，如果房地产的开发成本上升，整个供给曲线将由 S_0 向左位移到 S_1；如果房地产的开发成本下降，整个供给曲线将由 S_0 向右位移到 S_2。在房地产开发成本下降导致整个供给曲线向右位移的情况下，每一价格水平都有更多的供给量，或者说，对每一数量水平，房地产开发商都愿意接受较低的价格。

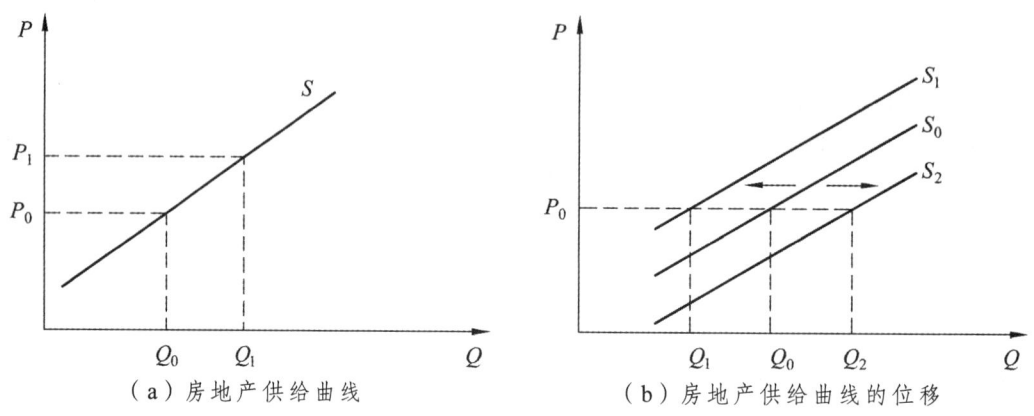

图5.2　房地产供给曲线及其位移

（三）房地产供求平衡

在其他条件不变的情况下，需求曲线上的每一个点都是消费者愿意并且能够接受的房地产价格与数量的组合，供给曲线上的每一个点都是房地产开发商或拥有者愿意并且能够提供的房地产数量与价格的组合。因为市场交易是自愿交易，或交易双方一致同意的交易，所以房地产市场交易价格和数量，必然是供求双方都愿意而且能够接受的价格和数量。

图5.3是把图5.1（a）中的需求曲线和图5.2（a）中的供给曲线结合在一起所形成的。正点是需求曲线与供给曲线的交点，它同时处于需求曲线和供给曲线上。因此，正点是供求均衡点，其所对应的价格和数量是消费者和房地产开发商或拥有者都愿意接受的价格和数量的组合。其中，正点所对应的价格 P 被称为均衡价格，所对应的数量 Q 被称为均衡数量。

由上可见，房地产均衡价格是房地产的市场需求曲线与市场供给曲线相交时的价格，也就是房地产的市场需求量与市场供给量相等时的价格。当市场价格偏离均衡价格时，会出现

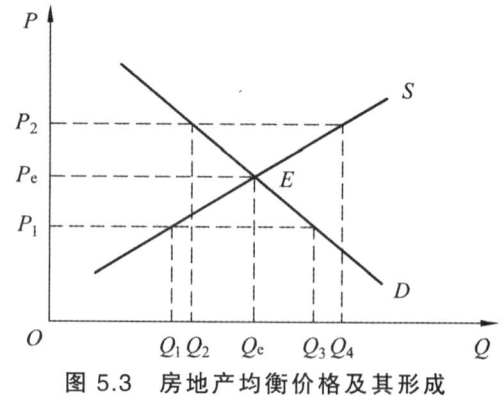

图5.3　房地产均衡价格及其形成

需求量与供给量不相等的非均衡状态。一般地说在市场力量作用下，这种供求不相等的非均衡状态会逐渐消失，偏离的市场价格会自动地回复到均衡价格水平。如图5.3中，

当价格上涨到 P_2 时,供给量将由 Q_e 增加到 Q_4,而需求量将由 Q_e 减少到 Q_2,供给大于需求,出现过剩,过剩数量为 ($Q_4 - Q_2$)。由于供大于求,卖者之间竞争的市场压力将迫使价格下降。只要价格高于 P_e,这种降价的压力就会一直存在。同理,当价格下降到 P_1 时,需求量将由 Q_e 增加到 Q_3,而供给量将由 Q_e 减少到 Q_1,需求大于供给,出现短缺,短缺数量为 ($Q_3 - Q_1$)。由于供不应求,买者之间竞争的市场压力将迫使价格上升。只要价格低于 P_e 这种涨价的压力就会一直存在。

均衡价格理论是价格原理的核心内容,它表明:均衡是市场价格运行的必然趋势,如果市场价格由于某种因素或者某些因素的影响而脱离了均衡价格,则必然会出现过剩或短缺,导致卖者之间或买者之间的竞争,形成价格下降或上升的压力和趋势,并最终趋向于均衡价格。

总的来讲,房地产的价格与其需求正相关,与其供给负相关。当供给一定时,如果需求增加,则价格上升;如果需求减少,则价格下降。当需求一定时,如果供给增加,则价格下降;如果供给减少,则价格上升。需求和供给若同时发生变化,均衡价格和均衡数量也会发生变化。需求和供给的同时变化,有同方向变化(需求和供给均增加或者均减少)、反方向变化(需求增加而供给减少,或者需求减少而供给增加)、变动幅度不同(需求的增减大于或者小于供给的增减)等情况。

四、房地产市场的体系与结构

(一)房地产市场体系

房地产市场是国民经济不可或缺的组成部分,根据其自身的运行机制和客观规律,存在着特有的、与各相关系统关联的市场体系,这个房地产市场体系由四个各自相对独立的子系统构成,即房地产市场体系是由房地产交易系统、房地产支持系统、房地产约束系统和房地产调控系统共同组成的一个体系。

1. 房地产交易系统

房地产交易系统包括以下3个子系统:
(1)供应系统。该系统由政府、企事业单位、个人及外商等组成。
(2)需求系统。房地产交易需求系统的构成与供应系统相同。
(3)媒介系统。该系统包括交易媒介系统(如房地产开发公司、房地产交易所、房产经纪人、代理机构及个人等)和融资媒介系统(如投资银行、不动产抵押银行、房地产银行、储蓄银行及住宅信贷机构等)。

2. 房地产支持系统

房地产支持系统包括:建筑系统、房地产评估、房地产产权法律、信息咨询等。

3. 房地产约束系统

房地产约束系统包括:城市规划、环境保护、税务、工商行政管理等。

4. 房地产调控系统

房地产调控系统包括：各级政府对房地产市场的直接干预调控，银行运用货币、利率等手段对房地产市场的调控，财税政策的调控及运用法律手段对房地产市场的调控等。

（二）房地产市场结构

房地产市场结构是指市场诸多种交易方式的构成及其各个市场参与者之间所形成的经济关系，研究房地产市场结构，就是研究房地产市场交易方式的构成及其各市场参与者所构成的经济关系。市场结构也称为市场类型，是根据同一市场上竞争程度的不同来划分的，通常分为完全竞争市场、垄断竞争市场、寡头垄断市场和完全垄断市场。

1. 完全竞争市场

完全竞争市场是竞争不受任何阻碍和干扰的市场。完全竞争市场必须具备以下条件：

（1）所买卖者的商品具有同质性，不存在差别，因而任何买者不在乎从哪个卖者手里购买商品，不会对某个卖者产生偏好，任何卖者也无法通过自己的商品来垄断市场。

（2）有相当多的买者和卖者，每个买者和卖者所买卖的商品数量在市场上仅占微小的份额，因而单个买者或卖者都不能影响市场价格，而只能是价格的接受者。

（3）市场信息完全，买者和卖者都掌握当前价格的完整信息，并能预测未来的价格。

（4）买者和卖者都可以自由进出市场。

（5）买者和卖者无串通共谋行为，也没有政府干预。

完全竞争市场的假设十分严格，在现实中并不存在典型的完全竞争市场，尤其是对于房地产市场来说。但它作为一种理论分析工具，对于分析市场机制是十分有用的。

2. 垄断竞争市场

垄断竞争市场是既有垄断又有竞争、以竞争为主的市场。垄断竞争市场有以下特点：

（1）卖者和买者都比较多。

（2）产品存在差异，即产品在质量、功能、外观、品牌、服务等方面存在差别。

（3）市场信息比较完全。

由于生产者提供的产品存在差异，产品之间又有替代性，随着生产者数量的增加，生产者之间的产品具有的竞争性也在增加，产品数量越多，消费者在不同的产品之间进行选择的余地也就越大。因此，在一定程度上限制了生产者的垄断性。生产者既是价格的接受者，又在一定程度上由于产品的差异是价格的制定者。

3. 寡头垄断市场

寡头垄断市场是少数几个生产者的产量和市场份额即占该市场的绝大部分或者全部的市场。在寡头垄断市场上，生产者之间存在着竞争，但寡头生产者在竞争中往往倾向于非价格竞争。这是因为寡头生产者之间的价格往往会使整个市场的产品价格下降，从而使每个生产者都受损失。而且由于生产者数量少，生产者之间容易达成某种妥协。这种竞争主要发生在产品有差异的生产者之间，而在产品无多大差异的情况下，非价格竞争难以进行，寡头生产者在定价方面就会进行勾结。

4. 完全垄断市场

完全垄断市场是一个卖者或一个买者控制的市场。该市场又可分为卖方垄断、买方垄断和双边垄断。卖方垄断是指只有一个卖者而买者很多的市场。买方垄断是指只有一个买者万里卖者很多的市场。双边垄断是指市场中只有一个买者和一个卖者的市场。

一般所讲的完全垄断，多指卖方垄断。卖方垄断市场有以下特点：

（1）只有一个卖者，而买者很多。

（2）产品无相近的替代品，即垄断者几乎享有完全的产品差异。

（3）新生产者不能进入市场，潜在竞争与实际竞争一样是不存在的。

造成卖方垄断的原因有资源控制（如果一种产品的生产必需某些特定的资源，那么对这些资源的控制就会形成垄断）、政府许可限制（如许可证、特权证、资格证等均可造成垄断）、专利、规模经济等。在卖方完全垄断的市场中，这个生产者可以决定市场的价格。生产者根据利润最大化的原则在利润最大的条件下决定产量和价格。因此，垄断生产者是市场价格的制定者，可以通过控制价格来调整市场需求，例如，垄断生产者可以通过差别价格来扩大利润。

五、房地产价格及其影响因素

（一）房地产价格

1. 房地产价格的概念

价格是为商品或服务所支付的、所要求的或所承诺的货币数量。由于财力、动机或交易双方的特殊利益关系，商品或服务的价格可能与其价值有关或无关。价格通常用货币来表示，但不一定要用货币来支付。

房地产价格是为房地产所支付的、所要求的或所承诺的货币数量。房地产价格的形成基于三个条件：有用性、稀缺性、有效需求。

有用性是指能满足人们的某种需要，经济学上称为使用价值或效用。房地产如果没有用，人们就不会产生占有房地产的要求或欲望，更谈不上花钱去购买，从而也就不会有价格。

稀缺性一般是指现存的数量尚不够满足每个人的需要，是相对稀缺，而不是绝对缺乏。一种物品仅仅有用还不能使其有价格，比如空气，尽管对人类至关重要，但它的数量丰富，一般情况下都能自由取用，所以不会有价格。因此，房地产要有价格还必须具有稀缺性，只有有用并稀缺，人们才肯付出金钱等代价去占有或使用它。

有效需求是指有支付能力支持的需要。需要不等于需求，需要只是一种要求或欲望，需求是指有购买能力支持的需要——不但愿意购买而且有支付能力。房地产价格要成为现实——不是有价无市，还必须对房地产形成有效需求，即既有购买欲望（想买），又有购买能力（有钱买）。

2. 房地产价格的特征

房地产价格与一般物品的价格,既有相同之处,也有不同的地方。相同之处是:① 都是价格,用货币表示;② 都有波动,受供求等因素的影响;③ 都是按质论价:优质高价,劣质低价;④ 都与交易的个别条件有关。房地产价格与一般物品价格的不同之处,表现为房地产价格的特征。房地产价格主要表现出有下列4个方面的特征。

(1) 房地产价格受区位的影响很大。房地产具有不可移动性,其价格与区位密切相关。区位是指地球上某一事物与其他事物在空间方位和距离上的关系。就具体一宗房地产而言,其区位是指该宗房地产与其他宗地产或事物在空间方位和距离上的关系,除了其地理坐标位置(通常用经纬度表示),还包括它与重要场所(如市中心、机场、港口、车站、政府机关、同行业等)的距离,从其他地方到达该宗房地产的可及性,从该宗房地产去往其他地方的便捷性,该宗房地产的周围环境、景观等。其中,最简单和最常见的是用距离来衡量区位的好坏。距离有空间直线距离、交通路线距离和交通时间距离。现在,人们越来越重视交通时间距离而不是空间直线距离。

(2) 房地产价格实质是房地产权益的价格。房地产由于不可移动,在交易中其可以转移的,不是物质实体,而是所有权、使用权或其他权益。物质实体状况相同的房地产,权益状况可能千差万别,甚至物质实体状况好的,由于权益过小,如土地使用年限很短或产权有争议,价格较低;相反,物质实体状况差的,由于权益较大,如产权清晰、完全,价格可能较高。所以,从这种意义上讲,房地产价格是房地产权益的价格。

(3) 房地产价格既有交换代价的价格,也有使用代价的租金。房地产由于价值大、寿命长久,出现了买卖和租赁两种方式并存,有些类型的房地产,如公寓、写字楼、旅馆,租赁甚至是主流。所以,房地产同时有两个价格:① 其本身有一个价格,经济学上称为源泉价格,即这里的交换代价的价格(简称价格);② 是使用它一定时间的价格,经济学上称为服务价格,即这里的使用代价的租金(简称租金)。一般物品,如家具、衣服,主要是买卖价格,很少有租赁价格。人在现代社会,只有租赁价格——工资,没有买卖价格。房地产的价格与租金的关系,类似于资本的本金与利息的关系。

(4) 房地产价格是在长期考虑下形成的。房地产的价值大,人们对其交易一般是谨慎的。并由于房地产具有独一无二性,对影响其价格的质量、功能、产权、物业管理等方面的情况在短时间内不易了解。因此,房地产的交易价格很难在短期内达成。另外,一宗房地产通常与周围其他房地产构成某一特定地区,而该地区并非固定不变,尤其是社会经济位置经常在变化,所以,房地产价格也是在考虑该房地产过去如何使用,预计将来可以做何种使用,总结这些考虑结果后才形成房地产现在的价格。

(二) 房地产价格的影响因素

房地产价格的高低,是由众多影响房地产价格的因素相互作用的结果,或者说,是这些因素交互影响汇聚而成的。而且,影响房地产价格的因素极其复杂、难以把握。为讨论分析的方便起见,现将影响房地产价格的因素分为下列8类:自身因素、环境因素、人口因素、经济因素、社会因素、行政因素、心理因素、国际因素。各类影响因素中还包含若干种具体的影响因素。

（1）房地产的自身因素。这是指那些反映房地产本身的物质实体、权益和区位状况的因素。房地产自身状况的好坏，直接关系到其价格的高低。例如，建筑物的新旧、质量、功能、平面布置、外观形象等因素，对房地产的价格有很大影响。而日照、风向、降水量、地势、天然周期性灾害等因素，对房地产的价格也有很大影响。日照对房地产价格的影响可以从住宅的朝向对其价格的影响中看到。相同楼层、套型的住宅，朝东南与朝西北，价格就有较大差异。处在上风地区的房地产的价格，一般高于处在下风地区的房地产的价格。把降水量与地势结合起来看，对房地产价格的影响比较明显。房地产所处的地势虽然低洼，但如果降水量不大，则不易积水，从而地势对房地产价格的影响不大；反之，降水量大，地势对房地产价格的影响就大。凡是有天然周期性灾害的地带，如江、河、湖、海边周期性的水灾，土地利用价值低，甚至不能利用。如果勉强利用，一旦天灾袭来，人们的生命财产都无保障。因此，这类房地产的价格必然很低。但如果一旦修建了可靠的防洪设施，不再受周期性灾害的影响，其价格会逐渐上涨。甚至由于靠近江、河、湖、海的缘故，可以获得特别的条件，如风景、水路交通，从而这类房地产的价格要高于其他房地产的价格。

（2）环境因素。影响房地产价格的环境因素，是指那些对房地产价格有影响的房地产周围的物理性状因素。这方面的因素主要有声觉环境、大气环境、水文环境、视觉环境和卫生环境。例如，汽车、火车、飞机、工厂、人群（如周围是否有农贸市场）等，都可能形成噪声。对于住宅、旅馆、办公、学校、科研等类型的房地产来说，噪声大的地方，房地产价格较低；噪声小、安静的地方，房地产价格通常较高。再如，化工厂、屠宰厂、酱厂、酒厂、厕所等都可能造成空气污染，因此，凡接近这些地方的房地产价格较低。

（3）人口因素。房地产的需求主体是人，人的数量、素质、构成等状况，对房地产价格有很大影响。房地产价格与人口数量的关系非常密切。就一国而言如此，一地区或一城市的情况来看也是如此。特别是在城市，随着外来人口、流动人口的增加，对房地产的需求必然增加，从而引起房地产价格上涨。人们的文化教育水平、生活质量和文明程度的改变，也可以引起房地产价格的变化。伴随着人类社会文明程度的提高和文化的进步，公共设施必然日益普遍和完善，同时人类对居住环境的要求也会越来越高，这些都会增加对房地产的需求，从而导致房地产价格趋高。家庭人口规模发生变化，即使人口总数不变，也将引起居住单位数的变动，从而引起需用住宅数量的变动，从而导致房地产需求的变化而影响房地产价格。

（4）经济因素。影响房地产价格的经济因素，主要有经济发展状况，储蓄、消费、投资水平，财政收支及金融状况，物价（特别是建筑材料价格）、建筑人工费，居民收入等。这些因素对房地产价格的影响都较复杂，例如物价，房地产价格是物价的一种，但与一般物价的特性不同。通常，物价的普遍波动，表明货币购买力的变动，即币值发生变动。此时物价变动，房地产价格也随之变动，如果其他条件不变，则物价变动的百分比相当于房地产价格变动的百分比，而两者的动向也应一致，表示房地产价格与一般物价之间的实质关系未变。不论一般物价总水平是否变动，其中某些物价的变动也可能会引起房地产价格的变动，如建筑材料价格、建筑人工费的上涨，会增加房地产的开发成本，从而可能推动房地产价格上涨。

从长期来看，房地产价格的上涨率要高于一般物价的上涨率和国民收入的增长率。但在房地产价格中，土地价格、建筑物价格和房地产价格，或者不同类型的房地产的价格，其变动幅度不是完全同步，甚至不是同方向的。

（5）社会因素。影响房地产价格的社会因素，主要有政治安定状况、社会治安程度、房地产投机和城市化等。

政治安定状况是指不同政治观点的党派、团体的冲突情况，现行政权的稳固程度等。一般来说，政治不安定，意味着社会可能动荡，影响人们投资、置业的信心，会造成房地产价格低落。

社会治安程度是指小偷、抢劫、强奸、绑架、杀人等方面的刑事犯罪情况。房地产所处的地区如果经常发生此类犯罪案件，则意味着人们的生命财产缺乏保障，因此会造成房地产价格低落。

房地产投机是利用房地产价格的涨落变化，通过在不同时期买进或卖出房地产，从价差中获取利润的行为。一般来说，房地产投机对房地产价格的影响可能出现下列3种情况：引起房地产价格上涨；引起房地产价格下跌；起着稳定房地产价格的作用。至于房地产投机具体会导致怎样的结果，要看当时的多种条件，包括投机者的素质和心理等。

一般来说，城市化意味着人口向城市地区集中，造成对城市房地产的需求不断增加，从而会带动城市房地产价格上涨。

（6）行政因素。影响房地产价格的行政因素，是指那些影响房地产价格的制度、政策、法律法规、行政措施等方面的因素。主要有：房地产制度、房地产价格政策、行政隶属变更、特殊政策、城市发展战略、城市规划、土地利用规划、税收政策、交通管制等。例如，在传统土地使用制度下，严禁买卖、出租或者以其他形式非法转让土地，可能使地租、地价根本不存在。对住房实行低租金、实物分配，必然造成住房的租金、价格低落。而改革土地使用制度和住房制度，推行住宅商品化、社会化，就使房地产价格显现出来，反映客观的市场供求状况。又如，直接或间接地对持有房地产课税，实际上是减少了利用房地产的收益，因而会造成房地产价格低落；相反，降低甚至取消对持有房地产课税，会导致房地产价格上升。

（7）心理因素。这对房地产价格的影响有时是不可忽视的。影响房地产价格的心理因素主要有：① 购买或出售心态；② 个人欣赏趣味（偏好）；③ 时尚风气；④ 接近名家住宅心理；⑤ 讲究风水或吉祥号码，如讲究门牌号码、楼层数字等。

（8）国际因素。现代社会，国际交往频繁，某个国家或地区的政治、经济、文化等，常常影响其他国家和地区。影响房地产价格的国际因素主要有世界经济状况、军事冲突状况、政治对立状况和国际竞争状况。例如，如果世界经济发展良好，一般有利于房地产价格上涨。如果国与国之间发生政治对立，则不免会出现经济封锁、冻结贷款、终止往来等，这些一般会导致房地产价格下跌。

第二节 房地产营销

怎样尽快把房屋卖出去,是令开发商头痛的事情,所以房地产营销策略被越来越多地重视起来。房地产营销策略的制定是一项复杂的工作,涉及面广、难度大,怎样才能制定出好的营销策略,是值得我们深入研究的重要课题。

一、房地产营销环境分析

房地产营销环境分析是使房地产企业及时抓住市场机会,充分发挥自身优势,使企业在竞争中处于有利地位的先决条件和重要基础。因此,房地产企业在开展市场营销活动中,首先必须高度重视市场营销环境分析。

(一)宏观环境分析

房地产宏观环境分析包括人口环境、政治法律环境、经济环境、自然环境、科技环境和社会文化环境六个方面的内容。

1. 人口环境

人口是构成市场的第一位因素。市场是由有购买欲望同时又有支付能力的人构成的,人口的多少直接影响市场的潜在容量。从影响房地产消费需求的角度,对人口因素可作如下分析:

(1)人口迅速增长。
(2)人口老龄化日趋严重。
(3)家庭规模日趋小型化。
(4)人口教育程度提高。
(5)人口的地理分布。
(6)人口区间流动。

2. 政治法律环境

政治法律环境指房地产企业市场营销活动的外部政法形势和状况给市场营销活动带来的或可能带来的影响。政治法律环境包括政治环境和法律环境。

3. 经济环境

房地产市场营销的经济环境主要是指房地产企业市场营销活动所面临的外部社会经济条件(具体来说,主要是指社会购买力)。影响购买力水平的因素主要是消费者收入、消费者支出、消费信贷及居民储蓄、币值等因素,而消费者的收入水平是影响房地产企业市场营销的最重要的经济因素。

4. 自然环境

自然环境要素包括自然资源的数量和结构与自然环境。

5. 科技环境

科学技术是社会生产力中最活跃的因素。作为营销环境的一部分，科技环境不仅直接影响房地产企业内部生产和经营，还同时与其他环境因素互相依赖，相互作用。尤其是新技术革命给房地产企业市场营销既造就了机会，又带来了威胁。企业的机会在于寻找和利用新技术，而它面临的威胁可能有两方面：新技术的突然出现，使房地产企业的现有设备变得陈旧；新技术改变了房地产企业人员原有的价值观。新技术给房地产企业带来巨大压力，如果房地产企业不及时跟上新技术革命的发展，很有可能被很快淘汰出局。

6. 社会文化环境

社会文化环境包括社会阶层、相关群体、教育水平、风俗习惯、审美观念、宗教态度、价值观念等。这些因素影响消费者的购买行为，房地产企业营销工作必须重视社会文化环境。

（二）微观环境分析

房地产微观环境分析包括企业自身环境、供应商、营销中介机构、顾客、竞争者和公众六个方面的内容分析。

1. 企业自身环境

房地产市场营销微观环境中的第一力量是房地产企业内部的环境力量。良好的企业内部环境是房地产企业营销工作得以顺利开展的重要条件。内部环境由企业高层管理（董事会、总经理）和企业内部各种组织（财务、产品研发设计、采购、建筑生产、销售等）构成。营销部门工作的成败与房地产企业领导及其各部门的支持有很大关系。房地产企业所有部门都同营销部门的计划和活动发生着密切的关系。各管理层之间的分工是否科学，协作是否和谐，能否精神振奋，目标一致，配合默契，都会影响房地产企业的营销管理决策和营销方案的实施。

2. 供应商

微观环境中的第二、三种力量是各类资源供应者和各类中介人，他们同房地产企业达成协作关系。供应者是指向房地产企业提供生产产品所需要的资源的组织或个人，包括提供土地、设计与施工、建筑原材料、设备、能源、劳务、资金等要素的组织或个人。这种力量对房地产企业的营销影响是很大的，所提供的资源质量、价格和供应量，直接影响着房地产企业产品的质量、价格和销售利润。房地产企业应从多方面获得供应，而不可依赖于单一供应者。

3. 营销中介机构

房地产营销中介机构是协助房地产企业推广、销售和分配产品给最终买主的企业和个人，包括中间商、实体分配公司、营销服务机构、物业公司及金融机构等。正因为有了营销中介机构所提供的服务，才使房地产企业的产品能够顺利地到达顾客手中。

4. 顾 客

微观环境的第四种力量就是顾客，即房地产企业的目标市场。顾客是指具有支付能力的实际与潜在的购买者。房地产企业的顾客组成了企业的目标市场，是房地产企业存在的生命力，顾客的需求又制约了房地产企业的能力与规模。房地产企业的顾客包括：国内市场与国际市场两大市场。而按照其目的性质和用途可以划分为：居住性物业市场和收益性物业市场。

居住性物业市场可分为普通住宅市场、别墅市场、公寓市场等。收益性物业市场又可以分为：商业物业市场（如写字楼市场、商场或店铺市场、酒店市场等）、工业物业市场（如标准工业厂房市场、高新技术产业用房市场、研究与发展用房市场等）、特殊物业市场（如娱乐中心、赛马场、高尔夫球场、汽车加油站、飞机场、车站、码头等）。

5. 竞 争 者

根据迈克·波特行业结构竞争力分析，竞争力量分为五种。它们是：潜在竞争者的进入力量；供应者力量；替代品力量；现有竞争者的力量；买方力量。房地产企业微观环境中的五种力量是企业面对着的一系列竞争者。每个房地产企业的产品在市场上都存在数量不等的业内产品竞争者。房地产企业的营销活动时刻处于业内竞争者的干扰和影响的环境之下。因此，任何房地产企业在市场竞争中，主要是研究如何加强对竞争对手的辨认与抗争，采取适当而高明的战略与策略谋取胜利，以不断巩固和扩大市场。

6. 公 众

公众指一个组织实现其目标的能力有实际的或潜在的兴趣或影响的任何团体和个人。房地产企业在争取满足目标市场时，不仅要影响竞争对手的利益，而且还会影响到公众的利益。房地产企业面对的广大公众的态度，会协助或妨碍企业营销活动的正常开展。所有的房地产企业都必须采取积极措施，树立良好的企业形象，力求保持和主要公众之间的良好关系。

（三）营销环境 SWOT 分析法

SWOT 分析是市场营销管理中经常使用的功能强大的分析工具，最早是由美国旧金山大学管理学教授在 20 世纪 80 年代提出来的：S 代表 strength（优势），W 代表 weakness（劣势），O 代表 opportunity（机会）和 T 代表 threats（威胁）。

1. SWOT 分析的涵义

SWOT（Strengths Weakness Opportunity Threats）分析法，又称为态势分析法或优劣势分析法，用来确定房地产项目自身的竞争优势（strength）、竞争劣势（weakness）、机会（opportunity）和威胁（threat）。S（strengths）、W（weaknesses）是内部因素，O（opportunities）、T（threats）是外部因素。如图 5.4 所示。

```
             内部环境
    ┌──────────────┬──────────────┐
    │    优势       │    劣势       │
    │  Strengths   │   Weakness   │
    ├──────────────┼──────────────┤
    │    机会       │    威胁       │
    │ Opportunities│   Threats    │
    └──────────────┴──────────────┘
             外部环境
```

图 5.4 SWOT 分析传统矩阵示意图

2. SWOT 分析的内容

房地产项目的 SWOT 分析包括其内部因素优势、劣势的分析，其外部因素机会和威胁的分析。

优势，是房地产项目的内部因素，具体包括：有利的竞争态势；充足的财政来源；良好的企业形象；技术力量；规模经济；产品质量；市场份额；成本优势；广告攻势等。

劣势，也是房地产项目的内部因素，具体包括：管理混乱；缺少关键技术；研究开发落后；资金短缺；经营不善；产品积压；竞争力差等。

机会，是房地产项目的外部因素，具体包括：宏观环境变化；新产品；新市场；新需求；竞争对手失误等。

威胁，也是房地产项目的外部因素，具体包括：新的竞争对手；替代产品增多；市场紧缩；行业政策变化；经济衰退；客户偏好改变；突发事件等。

3. 构建 SWOT 矩阵

将调查得出的各种因素根据轻重缓急或影响程度等排序方式，构造 SWOT 矩阵。在此过程中，将那些对房地产项目有直接的、重要的、大量的、迫切的、久远的影响因素优先排列出来，而将那些间接的、次要的、少许的、不急的、短暂的影响因素排列在后面。

4. 制订行动计划

在完成环境因素分析和 SWOT 矩阵的构造后，便可以制订出相应的行动计划。制订计划的基本思路是：发挥优势因素，克服弱点因素，利用机会因素，化解威胁因素；考虑过去，立足当前，着眼未来。运用综合分析方法，将排列与考虑的各种环境因素相互匹配起来加以组合，得出一系列房地产项目未来发展的可选择对策。

二、影响房地产营销策略的有关因素

（一）消费市场的特点

消费市场具有 3 个比较突出的特点：

（1）消费者市场房产需求的多层次性。在同一商品市场上，不同消费者群体由于社会地位，收入水平和文化素养的差异，其需求也会表现出多层次性的特点。例如有人需要一室一厅，有人需要二室一厅、三室一厅甚至豪华别墅。

（2）消费者市场对房屋需求多变性，消费者人数众多，差异性很大，由于各种因素的影响，对房屋就会有多种多样的需求，随着生产的发展，消费水平的提高，消费者需求在总量、结构和层次上也将不断发展，日益多样化。这要求制定营销策略时根据自身条件准确地选择目标市场。

（3）消费者市场对房屋需求的可诱导性，消费者需求的产生，有些是本能的，生而有之的，但有时是与外界的刺激诱导有关的，经济政策的变动、社会交际的启示、广告宣传的诱导等等，都会使消费者的需求发生变化，潜在的需求可以变为现实的需求，微弱的欲望可以变成强烈的购买欲望。消费者需求的这一特征，要求市场营销策略的制定者不仅要适应和满足消费者的需求，而且应该通过各种促销途径影响和引导消费。

（二）影响消费者行为的主要因素

影响消费者行为的主要因素有很多，典型的有如下几点：

（1）心理因素。除了由需要引起动机这一最重要因素外，还有知觉、学习和态度三个因素：① 知觉是指消费者感官直接接触刺激物所获得的直观的、形象化的反映，属于感性认识。任何消费者购买商品，都要根据自己的感官感觉到的印象，来决定是否购买，所以对楼盘的包装、宣传是非常重要的。② 学习是消费者在购买和使用商品的实践中，逐步获得和积累经验，并根据经验调整购买行为的过程。房屋作为一种耐用且兼有投资的特殊商品虽不等同于一般商品，但开发商开发创意、布局以及房屋质量的好坏，都是购买者学习的对象。③ 消费者评价的优、劣对开发商的形象和信誉也有着非常大的影响，所以开发商应树立品牌观念，注重房屋质量，让消费者产生有利于己的态度。

（2）经济因素。概括地说，影响消费者购买行为主要是经济因素和商品价格、消费者收入、商品效用、房屋的价格等。

（3）社会文化因素。每个消费者都是社会的一员，他的行为不可避免地要受到社会各方面因素的影响和制约，消费者的购买行为受到社会阶层、文化和亚文化、相关群体、家庭等社会因素的影响。

因此，在把握住营销环境，掌握了房地产消费者市场及影响消费者的因素的基础上，根据商品（房屋）本身的特点制定出房地产的营销策略。

房地产是一种特殊的商品，从房地产项目自身的商品特点和营销的角度来看，可操作的有5点：

（1）位置条件。房地产产品的位置条件其实是多重因素所构成的结构条件，包括不同位置区域的不同人文条件、交通条件、市政条件以及周边建筑条件、气候等。在制定营销策略时不同的位置条件，营销切入点的选择不同：人文条件越成熟的位置，其营销切入点与原始条件的差异性越大，反之则越小；交通条件越是发达的楼盘，其对于营销在交通方面所必需的商品特性和营销切入点就越少；市政条件越完善的地段，房地产商品特性和营销切入点的挖掘和选择形成就越要奇特，反之则必须全面；在周边建筑条件方面，周边建筑条件对自身楼盘影响越大，房地产商品特性和营销切入点的挖掘和选择就越要直接，避重就轻会适得其反。

（2）建筑条件。没有两个建筑会是完全一样的，因此在建筑本身寻找卖点应该是可以的，但是应将营销切入点放在建筑单体的设计"限制"方面，而不应该过深地切入到建筑的使用及功能方面，因为无论是建筑设计师还是营销高手，对于建筑使用和功能方面的设计是"永远超不过客户"的，客房是直接使用者，客户更是"上帝"。

（3）建造条件。建造条件包括了工程施工、建筑配套等方面，这些在营销推广切入点方面，过去一般都选择不多，大多数集中在工程进度和配套设施方面。建造条件方面的营销切入点选择，更多地选择在"建造技术的层次体现、建筑技术的标准发展"方面较为合适。目前，客户对房屋质量的投诉越来越多，撇开一些不法开发商不谈，仅站在营销策略的角度来看，如果楼盘的营销能够将其建造条件有效地传达给客户，就是其有部分不足的方面，客户不仅不会投诉，还可能是一个很好的营销切入点和商品特性表现。

（4）使用条件。"良好的物业管理"是许多开发商的营销切入点，这只是作用条件作为营销切入点的一个方面，仅仅是房屋建成后的使用条件，还应该重视建筑本身提供的"先天服务条件"。如房屋的车位、绿地等。拿车位来说，小区停车位有多少个对客户来说并不重要，而车位与房屋的设计比例却关系到客户以后买车还有没有车位停车。物业管理费是多少，客户能否承担，客户自己能算出，但物业管理所提供的内容对客户居住水平的提高是否等值，客户却无从算起。所以，在"使用条件"方面，营销切入点的第一个选择就是设计，管理意图全面公开；营销切入点的第二个方面就是设计，管理意图的"成本核算"，不能只是诉说对客户的"全面呵护"却不讲这样的呵护值多少钱。

（5）商品附加条件。开发商自身企业品牌的知名度，能够塑造这个房地产品牌的知名度，这是房地产商品附加条件之一；给一个房地产引进一个全新概念或营造文化氛围，也是房地产商品的附加条件之一。在当今竞争越来越激烈，信息交流越来越快，开发商模仿能力越来越强，房地产的附加条件就愈显重要。作为不动产的特殊性，完整的房地产商品不会只是一套房子那么简单，一个商品一旦开始它的使用过程，品牌就进入了再塑造品牌意识。在商品附加值的营销应用中，一般来说商品附加值都是后天的，但是这个后天的商品附加值是可以预支的。因此，后天商品附加条件在营销切入点的选择上是可以"预支"可能会更直接、更明确，也更有利于消费者预先选择。

综上所述，房地产营销策略的制定应根据营销环境、消费者市场特点、影响消费者行为的因素、结合实际房地产的自身条件因素综合考虑，才能在瞬息万变的市场中把握方向，使自己的营销策略完善，可操作，有效益。

三、房地产市场营销策略

由于房地产具有投资价值大、不可移动性及区位性等特点，其销售难度比一般商品要大得多。为了成功而有效地把房地产产品销售出去，必须根据营销目标及营销市场的特点，采取一系列营销策略。目前房地产行业发展十分迅猛，一些新的营销理念和思路层出不穷。比较有代表性的是1990年由美国的劳特朋教授提出的4C理论在房地产营销中的应用。它有悖于营销学中传统的4P策略，将消费者置于房地产营销的核心地位，无论是产品、价格、销售渠道还是促销，都以消费者的需求、意愿为首要因素和根本出发点。许多房地产营销人员都将其看作是房地产营销的战略转移，但4C理论的理论根源与4P理论同出一宗，与其说是战略转移，还不如说是4P理论在实际操作中的发展与改良。因此，本书仍将按照营销学中传统的4P理论对房地产营销策略进行分析。

目前我国的房地产市场从总体趋势上看，已经进入以需求为导向的发展阶段，房价逐步向成本价和微利价靠近，市场化程度逐步加深。在市场营销方面，无论是业内人士还是消费者都逐渐成熟，一个概念或者一个点子已经难以打动人心。消费者开始注意产品的本身。目前购房者的经验越来越多，日趋理性；违规项目纠纷的问题及房价的问题使部分消费者更加谨慎。因此，房地产营销的产品策略、价格策略、营销渠道策略和促销策略都必须根据目前的市场情况进行合理的创新。

（一）房地产营销产品策略

房地产营销产品策略是房地产营销首要因素，房地产企业必须营销市场所需要的产品，才能生存。房地产市场营销组合中房地产产品是最重要的内容。按营销学中产品的概念及内容，房地产产品可以分为3个层次：

（1）核心产品。它是购买者实际上要购买的主要服务，对购房者来说，他们需要的是家庭感、安全感以及成就感。

（2）有形产品。它是指构成房地产产品的品牌、特点、式样和质量等。

（3）延伸产品。它是附加在有形产品上的各种各样的服务，如物业管理、保证公共设施的提供等。

目前的市场情况表明，消费者的日趋成熟使得房地产产品营销真正需要的是产品本身。因此房地产企业在开发楼盘时就必须注重包括产品三个层次在内的所有的东西。由于购房者的家庭感以及安全感是所有房地产开发商都能满足的，所以在核心产品上，各房地产商都处于同一起跑线；真正能够吸引消费者，即房地产产品营销能够产生独特作用的方面还在于有形产品和延伸产品上。在目前的市场情况下，房地产产品营销真正倚重且有所突破的也是这两个方面。

首先是房地产品牌营销。

目前的房地产产品营销已经由对单一的楼盘进行营销发展到对整个房地产企业的品牌营销的高度上。因为大家都已知道，在日益激烈的市场竞争中，品牌才是赢取持久竞争优势最强大、最持久的利器。在我国香港的房地产市场上，长江实业、新世界集团、新鸿基集团等著名企业开发的房地产比其他企业所开发的同等条件的房地产要多3.5%的销售额，这就是品牌的威力。在同样的市场竞争环境下，"品牌"为什么就会比"产品"厉害？因为"品牌"是有独特形象的，是有个性的，是特别适合某一部分的，是能带给人丰富而美好联想的，是具有特定利益保障的，是亲切有人性的。而"产品"通常就只能以一系列物理语言来描述，因而显得冷冰冰没有感情没有人性。人天生就是感情动物，除物质满足外，更需要丰富多彩的精神享受，而"品牌"有精神，"产品"则没有。

产品是品牌的基础，但产品不能自动升华为品牌。只有当人们将产品内在的品质特性及研发者、设计者、生产者对产品所倾注的感情充分发掘、提炼出来并有意识地赋予产品以人格化个性并外化为视听觉形象时，"产品"才真正升华为"品牌"。因此形象设计是塑造品牌的首要工作，只有鲜明的个性形象才能体现相应的身份地位，才能激起目标消费者的美好联想和购买冲动，才能让消费者不断重复消费。

随着市场经济发育日渐成熟，商品的品牌形象已成为消费者认知的第一要素，房地产作为一种特殊商品也不例外。要在消费者心中树立起自己的品牌，房地产企业只有在房地产产品质量、服务以及功能等诸多方面下工夫，对产品进行全方位的品质提升，才能真正在消费者心目中树立一个良好的品牌，从而建立起消费者的品牌忠诚度，为后续产品的开发销售提供条件。

其次是房地产产品的特色营销。

现代社会崇尚个性发展，消费者特别是新时代成长起来的年轻一代，往往把个性能否得以发挥和张扬，作为衡量和选择商品的一个重要标准。买房可谓一个家庭的长远之计，一百个家庭有一百个选房原则。开发商只有采取人无我有，人有我优，人优我奇的个性设计，才能赢得尽可能多的消费者。

目前已有一些精明的开发商发现了特色营销的重要性，把研究市场需求、强化使用功能、追求个性特色、营造人性空间的营销思想作为经营理念，不仅在小区布局、建筑外形、色彩、楼层、阳台、内部结构等产品策略方面力求突破雷同，突出居住者个性，而且在广告宣传、渠道选择、价格确定、促销方式等方面也独具风格，因而成为市场亮点。以最近大连市房交会上几个销售火爆楼盘为例，作为经济适用房的"锦华南园""锦华北园"等推出的小户型住房功能齐全，深受年轻人青睐，另外如绿化率达90%的"青云翠居"，大打"绿色"王牌，"软件知音园"的IT特色、"兰亭山水"的文化色彩、"丰源海景山庄"的海景特色以及"星海人家"的明星效应等，在开发商的精心营造下都成为极具个性的特色化楼盘。

再次是消费者居住环境的打造。

随着现代社会环境污染的日益严重和环保意识的逐渐兴起，消费者已愈来愈关心自己的居住环境和生活质量。购房者不再仅仅考虑地理位置是否优越、销售价格是否便宜，而更加关注拟购房屋的环境设计。他们不仅希望小区内绿草如茵，花团锦簇，有充足的阳光和清新的空气，而且要求住宅小区远离工厂，附近没有污染源。这就要求小区开发应以环境保护为营销理念，改变过去寸土寸金、见缝插针的开发模式，充分考虑小区的住宅空间、阳光照射、绿化间隔等，为消费者营造人与自然和谐共生的理想家园。现在有不少开发商提出的"搞房地产要先搞环境""卖房子也是卖环境"，不能不说已涵盖了环保营销的经营理念。如1997年初上海的"绿荫苑"，它独辟蹊径，提出"新加坡风"的崭新概念，摒弃了当时众多开发商追求的高容积率，在小区的规划设计中着力营造其高达40%的绿化率。随后出现的"国贸花园",也以"依绿而居"的营销理念热销楼市。后来的"上海春城"以3 500 m²的"蔚蓝色湖泊","中远两湾城"和"盛大花园"以上万平方米的人工湖泊景观为市场诉求点,这些楼盘均获得了较好的销售业绩。当然,开发商同时要避免借环保搞促销,过分炒作概念,有两棵树,一块草坪就冠之以"环保小区""生态家园",任意夸大物业卖点,不仅完全偏离了环保营销的轨道,还会引发不少营销后遗症,成为行业公害。

目前,尽管不少楼盘从提高居住小区的环境质量出发,在追求高绿化率的同时,有意无意地引入了绿色营销理念,但其最多也只能称其为"绿化营销"。它与绿色营销的区别在于:绿化营销主题单一,主要通过追求高绿化率体现,且绿化的实现形式也比较简单,一般以宅前绿化为主;绿色营销的内涵是丰富的,它不仅包括了外部空间(绿地、广场、林荫、道路、建筑小品等)营造,也包括了住宅单元内中空间(朝向、层次、通风、采光、干湿等)的营造。因此,绿化营销与绿色营销所要求的多元化内外空间的营造,尤其是人和自然、人与宇宙的能量交换,相去甚远。另外,单一的绿化营销量为竞争对手模仿,不利于市场多维度竞争格局的形成,同时也不能满足消费者日益提高的对居住质量多方位要求。所以,单一的绿化营销还必须与区位营销、房型营销、物管营销进行融合才能实现真正意义上的环保营销。

最后是房地产产品文化营销。

当代社会文化对经济的影响力越来越大,建筑亦不例外。项目选址对历史文脉的承继、挖掘与发扬,对社区人群生态的保留与重构,往往给楼盘带来意想不到的效果。没有文化的物业不过是钢筋加水泥的壳子,现代生活给人的外在压力越来越大,人们需要的不是"钢筋水泥的丛林",他们更渴望居家之中的文化内涵。开发商如果发现了这一点,并加以演绎,就能出奇制胜。因此,开发商要注意在建筑风格上尽量体现文化内涵,通过富有特色的主题创意,提升住宅小区的文化价值,给人展现一种高品位的美好生活蓝图。例如,位于上海河南路、复兴路上的太阳城市花园中,开发商专门修建了特色雕塑广场——神牛广场,并在小区安放了汉白玉雕塑10座,其中包括罗马神话人物阿波罗、花神、丰收神、谷神等,每一个雕塑都给人们一个美丽的传说。在这里,人们可以领略到难得的神话情调。

另外,随着现代交通、电信的迅猛发展,人与人之间的距离越来越近,但心与心之间的距离越来越远,地球变成一个村庄,人心却越来越封闭。广州著名楼盘之一的翠湖山庄的开发商就注意到这一问题,他们把创造一种和谐的邻里关系、温馨的居住文化作为经营理念,采取各种有效的措施加强业主之间的沟通、交流,他们在这一问题上的努力可以从一幅候车亭广告看出:"下雨了,让隔壁的林太太帮忙收衣服。"这一主题相当朴实,却又那么珍贵,让我们久久回味。另外,为了给孩子创造一个良好的成长环境,购房者对居住小区文化设施的要求越来越高,不仅关心周围文教单位的配置、距离,而且愈来愈重视小区文化设施的数量、品味,以及小区内大部分住户的文化层次。现在不少开发商煞费苦心,不仅在建筑风格上尽量体现文化内涵,而且注意通过高品位会所、藏书丰富的图书馆、温馨祥和的邻里中心来营造小区的文化气息,这不能不说是在文化营销方面做出的有益探索和成功尝试。

（二）房地产营销价格策略

房地产的开发建设、买卖、租赁、抵押、土地出让、转让等营销，都是商品经济活动，必须按照市场规律、经济原则实行等价交换。掌握房地产产品的定价方法，灵活运用各种定价的策略是开展房地产市场营销活动的主要手段。在这里将主要介绍房地产定价方法、定价比例和价格调整策略。

1. 房地产定价方法

一栋楼宇、小区的销售往往是一个时期的或跨年度的。而消费市场变化莫测，楼宇的定价要能被市场接受，需要一定的超前意识和科学预测，可以说定价部分是艺术，部分是科学。影响价格的因素有很多，主要包括：成本、楼盘素质、顾客承受的价格、同类楼宇的竞争因素等。产品的可变成本是定价的下限，上限是顾客所愿意支付的价格。市场中消费者总想以适中的价格获得最高的价值，因此不应把价格和价值混为一谈。定价之后，运行中可以做适当的调整，但不能做大幅度的或否定性的调整，否则会带来非常恶劣的影响。从定价来讲，主要有几个方法：

（1）市场比较法。该法将勘估房地产与相应市场上类似房地产的交易案例直接比较，对形成的差异做适当调整或修正，以求取勘估房地产的公平市场价。

（2）成本法。该法以开发或建造估计对象房地产或类似房地产需要的各项必需费用之和为基础，再加上正常的利润和应纳税金得出估价对象房地产的价格。

（3）收益法。该法将预期的估价对象房地产未来各期（通常为年）的正常纯收益折算到估价时点上的现值，求其之和得出估价对象房地产的价格。

（4）剩余法。该法将估估房地产的预期开发后的价值，扣除其预期的正常开发费用、销售费用、销售税金及开发利润，根据剩余之数来确定估价对象房地产的价格。

当然，无论哪种定价方法，均应随行就市，最大限度地获取市场份额。在弄清方法之后，具体执行有低价、高价、内部价、一口价、优惠价等战略。开发商采用低价战略时，入市会比较轻松，容易进入，能较快地启动市场；而采用高价策略则标榜出物业的出类拔萃、身份象征、完善功能、优良环境等，可用高价吸引高消费者入市，但不是盲目漫天要价，要物有所值。

2. 定价比例

一般来说，先设定一个标准层，高层一般定在1/2高度，多层一般3~4层（9层以下）为最好。然后确定一个楼层系数，标准层以上一般每层加价比例为0.8%，标准层以下每层下调0.5%。在高层建筑中，7层以下因其视野受限，一般应为低价区，顶层与低层的价格一般相差约30%。

用户选择购房不仅受楼层的影响，房子所处两个主力面的景物和视野如街景、江景、马路等亦是影响楼价的因素之一，即朝向系数。一般来说，江景、街景等给人以视觉上的享受，朝向系数大，一般为8%~10%，而临马路边因其噪声大，尘埃多，朝向系数亦低，一般为 3%~5%，楼盘的南、北两个方位，如无景观差别，一般南面售价高于北面。有的楼盘，因其朝向系数不合理，好的楼层和好的朝向全部卖光，剩下的全部都是不好卖的，使楼盘出现滞销状态。

商铺的定价，由于一般顾客购物习惯在首层，因此首层商铺定价一般是住宅平均价的 3 倍以上。车位的每平方米定价一般相当于住宅的 50%。

3. 价格调整策略

房地产价格调整策略可以分为直接的价格调整、优惠折扣两方面内容。

直接的价格调整就是房屋价格的直接上升或下降，它给客户的信息是最直观明了的。直接的价格调整主要有两种形式：

（1）基价调整。基价调整就是对一栋楼的计算价格进行上调或下降。因为基价是制定所有单元的计算基础，所以，基价的调整便意味着所有单元的价格都一起参与调整。这样的调整，每套单元的调整方向和调整幅度都是一致的，是产品对市场总体趋势的统一应对。

（2）差价系数的调整。每套单元因为产品的差异而制定不同的差价系数，每套单元的价格是由房屋基价加权所制定的差价系数而计算来的。但每套单元因为产品的差异性而为市场接纳程度的不同并不一直是和我们原先的估计一致的。差价系数的调整就要求我们根据实际销售的具体情况，对原先所设定差价体系进行修正，将好卖单元的差价系数再调高一点，不好卖单元的差价系数再调低一点，以均匀各种类型单元的销售比例，反映出市场对不同产品需求的强弱。差价系数调整是开发商经常应用的主要调价手段之一。有时候一个楼盘的价格差价系数可以在一个月内调整近十几次，以适应销售情况的不断变化。

优惠折扣是指在限定的时间范围内，配合整体促销活动计划，通过赠送、折让等方式对客户的购买行为进行直接刺激的一种方法。优惠折扣通常会活跃销售气氛，进行销售调剂，但更多的时候是抛开价格体系的直接让利行为。优惠折扣和付款方式一样，有多种多样的形式，譬如：一个星期内的现实折扣；买房送空调、送冰箱，或者送书房、送储藏室，购房抽奖活动等等。优惠折扣要做得好，首先要让客户确实感受到是在让利，而不是一种花哨的促销噱头。同时，优惠折扣所让的利应该切合客户的实际需要，是他们所能希望的方式，只有这样才便于促进销售。再者，不要与其他竞争者的优惠折扣相类似，优惠折扣在形式上的缤纷多彩为开发商标新立异提供了可能。

（三）房地产营销渠道策略

目前我国房地产行业中，房地产营销渠道策略可以大致分为企业直接推销、委托代理推销以及近几年兴起的网络营销、房地产超市等。

1. 企业直接推销

企业直接推销是指房地产开发企业通过自己的营销人员直接推销其房地产产品的行为，也称为直销或自销。直接推销的优势在于它可以帮助房地产开发企业节省一笔数量可观的委托代理推销的费用（相当于售价的 1.5%~3.0%），但推销经验的不足和推销网络的缺乏也是这种销售渠道的致命缺陷。由于我国房地产市场正处于起步阶段，房地产市场的运行机制尚不健全，必需的人才与管理经验还有待于积累发掘。所以目前它还是我国房地产销售的主要渠道，在房地产市场发展的将来，它依然会占据重要位置。

2. 委托代理推销

委托代理推销是指房地产开发企业委托房地产代理推销商来推销其房地产产品的行为。所谓房地产代理推销商，是指接受房地产开发企业的委托，寻找消费者，介绍房地产，提供咨询，促成房地产成效的中间商。委托代理商可以分为企业代理商和个人代理商，前者是指由多人组成的具备法人资格的代理机构，后者是指中介代理的个人，即经纪人。

3. 网络营销

网络营销是信息时代和电子商务的发展的产物，目前它也运用到了房地产市场营销上，目前国内出现了一些以房地产为主要内容的网站，如搜房网、中房网等，它们为房地产企业和消费者提供了全新的信息沟通渠道；同时，许多房地产商也利用 Internet 网络资源，进行网络营销。2000 年 9 月，上海"青之杰"花园推出了全国第一本电子楼书，标志着网络房地产营销又增加了新的手法。现在不少开发商都在互联网上注册了自己的网站，为企业和产品进行宣传和推广。互联网双向式交流，可以打破地域限制，进行远程信息传播，面广量大，其营销内容详实生动、图文并茂，可以全方位地展示房地产品的外形和内部结构，同时还可以进行室内装饰和家具布置的模拟，为潜在购房者提供了诸多方便。随着电子商务的进一步发展，网络营销将成为房地产市场上一种具有相当潜力和发展空间的营销策略。

4. 房地产超市营销

房地产超市营销是最近在浙江、上海等地出现的一种全新的营销渠道。它的出现表明我国房地产销售开始告别传统的开发商自产自销的单一模式，进入一个以超市为显著特征的商品零售时期。有专家认为，房地产超市是我国楼市营销理念、方式的一次改革和突破，为解决当前商品房销售困难带来了新的思路和转机。

(四) 房地产营销促销策略

房地产促销策略，是指房地产开发商为了推动房地产租售而面向消费者或用户传递房地产产品信息的一系列宣传、说服活动。通过这些活动帮助消费者认识房地产产品的特点与功能，激发其消费欲望，促进其购买行为，以达到扩大销售的目的。房地产营销促销略主要可以分为广告促销、营业推广、人员推销、公共关系。

1. 广告促销

广告是向人们介绍商品信息，输送某种观念的一种公开的宣传形式。房地产广告的突出特点是广告期短、频率高、费用大。

房地产广告的诉求重点有：地段优势、产品优势、价格优势、交通便捷优势、学区优势、社区生活质量、开发公司的社会声誉等。

房地产广告可供选择的形式有以下几种类型：

（1）印刷广告。利用印刷品进行房地产广告宣传相当普遍，这也是房地产产品进行营销的主要手段之一。报纸、杂志、专业书籍以及开发商或其代理商自行印刷的宣传材料等，都是房地产广告的有效载体。

（2）视听广告。利用电视、电影、霓虹灯、广告牌以及电台广播等传媒方式都是宣传房地产产品的有效视听广告。

（3）现场广告。在施工现场竖立的现场广告牌以及工地四周围墙上的宣传广告，用以介绍开发项目情况。

（4）信函广告。包括商品房目录和说明书等。

根据楼盘不同的类型、租售范围以及广告费用，开发商应当选择适当的广告类型和广告策略，从而达到最大的宣传效果。

2. 营业推广

营业推广是为了在一个较大的目标市场上，刺激需求，扩大销售，而采取的鼓励购买的各种措施。多用于一定时期、一定任务的短期的特别推销。营业推广刺激需求的效果十分明显且费用较少。

开发商可以通过开展大规模的住房知识普及活动，向广大消费者介绍房屋建筑选择标准、住宅装修知识、住房贷款方法和程序以及商品房购置手续和政府相关税费，在增加消费者房地产知识的同时，也可以增加消费者对开发商的认同感。另外，开发商还可以举行开盘或认购仪式、项目研讨会、新闻发布会、寻找明星代言人、举办文化与休闲活动、业主联谊会等，这些活动可以极大地提高房地产企业的知名度，从而使企业的销售业绩不断上升。目前在重庆等地每年都要举办的房地产交易会也是开发商展示自身实力的舞台，据统计，每次房交会上，各房地产开发商都会有一个不凡的成交量。

3. 人员推销

房地产人员推销是指房地产推销人员根据掌握到的客户信息，向目标消费者介绍开发商及其房地产的情况，促成买卖成交的活动。人员推销的优点在于：目标客户明确，推销力量集中，成交率高；与客户面谈，有利于联络与密切同客户的感情，有利于信息反馈，有利于了解同行业的开发建设和营销动向。

当然，人员推销方式对推销人员的素质要求比较高。推销人员一般必须具备以下条件和素质：具有丰富的房地产知识和合理的知识结构；及时掌握正确的房地产市场信息；具有良好的经营理念和业务素质。

推销人员在日常工作中，要注意对商圈内的所有顾客的详细资料包括地址、姓名、电话号码等建档，以便随时跟踪。

4. 公共关系

房地产公共关系促销活动包括：争取对房地产开发商有利的宣传报道，协助房地产开发商与有关各界公众建立和保持良好的关系，建立和保持良好的企业形象以及消除和处理对房地产开发企业不利的谣言、传闻和事件。公共关系的作用在于以下两个方面：

一方面，制造噱头和危机公关。也就是说，人为制造新闻点，引得媒体争相报道，享受无偿广告。这其中也包括危机公关。针对当前屡屡发生的入住纠纷问题，如处理得当，或许可在众多消费者与媒体的关注下，以坦诚的态度重树项目良好形象，化不利为有利。

另一方面，建立与各方面的良好关系。开发商应当重视消费者导向，强调通过企业与消费者的双向沟通，建立长久的稳定的对应关系，在市场上树立企业和品牌的竞争优势。商品和品牌的价值是最难以替代的，这与消费者的认可程度紧密相关。因此，开发商应当完全从消费者的角度安排经营策略，充分研究消费者需求，努力加强与消费者的沟通，注意关系营造。同时，开发商还要注意与地方政府、金融机构和其他社会组织的合作，更要注意开发商之间的合作，特别是后者的合作尤为重要。

综上所述，房地产营销策略大致可以分为以上几个方面内容。房地产营销对提高房地产开发经营的经济效益、社会效益和环境效益的诸多方面都起着重要的作用，由于目前我国房地产业正步入一个崭新的发展阶段，房地产营销俨然成为房地产开发的一个重要组成部分，它对整个房地产行业而言都具有极其重要的现实意义。

本章小结

本章初步介绍了房地产市场特征、房地产市场供求关系、影响房地产营销策略的有关因素，重点讲述了房地产营销策略中产品策略、价格策略、渠道策略以及促销策略的有关内容；通过学习，系统地了解如何制定房地产营销策略。

关键概念

房地产市场　　SWOT分析　　产品策略　　价格策略　　渠道策略　　促销策略

章节测试题

一、选择题

1. 房地产促销的主要方式有（　　）。（多选）
   A. 人员推销　　B. 广告　　C. 营业推广　　D. 公共关系

2. 当楼盘的综合性能佳，且具有创新性独特卖点，开发商为了迅速从市场上获取丰厚的利润，可以采用（　　）。
   A. 撇脂定价策略　　　　　　B. 渗透定价策略
   C. 满意定价策略　　　　　　D. 温和定价策略

3. 采用SWOT分析方法对企业内外部环境进行综合分析。其中影响企业制定经营发展战略的外部因素有（　　）。（多选）
   A. 优势　　　　　　　　　　B. 劣势
   C. 机会　　　　　　　　　　D. 威胁

4. 对房地产项目进行微观环境分析，其劣势可能包括（　　　）。（多选）
　　A. 管理混乱　　　　　　　　B. 资金短缺
　　C. 产品积压　　　　　　　　D. 竞争力差
5. 微观环境是直接制约和影响企业营销活动的力量和因素，下列不属于微观环境的是（　　　）。
　　A. 供应商　　　B. 顾客　　　C. 竞争者　　　D. 经济环境
　　E. 营销中介机构　F. 公众　　　G. 企业内部环境

二、问答题

1. 影响房地产营销策略的因素有哪些？
2. 分析比较房地产商品的几种定价方法。
3. 简述房地产营销渠道的途径。
4. 房地产企业如何开展公共关系活动并促进房地产的销售？

案例分析与讨论

"在水一方"全程策划

导　语

任何一个项目能取得成功的关键是对市场的深度和广度的准确把握，对房地产项目的操作更是如此。由宏佳公司代理的"在水一方"就是经过前期缜密的市场调研，从激烈的市场竞争中寻找空白点，首次在重庆提出"5+2"生活模式，创造了重庆房市的又一个销售奇迹。

相关链接

1. "在水一方"是重庆2001年最出风头的楼盘之一，在重庆首次提出了"5+2"生活模式。
2. 2001年参加"重庆市十佳人居精典住宅小区"评选活动荣获金奖。
3. 开盘当天创下299套的销售奇迹。

项目简介

"在水一方"是由重庆渝海实业总公司开发的一个房地产项目，位于重庆渝北区回兴镇（渝北区位于主城区东北部），项目占地6万多平方米，建筑面积8万多平方米，容积率1.29，绿地率43%，坐拥占地700多亩（1亩≈666.67 m^2）的宝圣湖。项目共分4期开发，30万平方米，主要为多层及小高层住宅，规划户数1 152户。小区内规划有2个网球场、1 200 m^{2}的游泳池、幼儿园、大型儿童游乐设施"翻斗乐"、800 m^{2}的商业街以及会所和湖岸码头。

操盘精典回顾

宏佳公司是在1999年开发商拿地之初就介入了本项目的运作，在2001年"在水一方"推出之前，该地区的平均房价仅为700元/m^2。当时在决策层面对项目地块有3种不同意见：一、不能做：认为位置偏远，交通不便，重庆消费需求尚不能支持郊区化置业，项目风险太大。二、做，但要等到5年后才能启动：认为重庆要形成郊区化置业和需求引导至少要等5年，现在开发还为时过早。三、做！宏佳公司认为可以引入"5+2"生活模式作为项目操作主题。他们认为项目操作并不在项目远近，也不是人为地猜测市场是否有需求潜力，而是要思考可以在这块地上建什么产品，能否引导和挖掘市场需求。经过周密的分析和前期的市场调查，他们发现"5+2"生活模式在重庆尚属空白点，而本地块的各项条件与"5+2"生活模式很吻合。

度假型物业定位出台

该公司提出的"5+2"生活模式得到认可后，其又发现，单纯的"5+2"生活概念思路还比较狭窄，于是他们又将其发散为度假的概念，这样又把目标客户层面拓宽。为此在产品策划上必须要舍弃传统项目以二室和三室为主力户型的定位，而将主力产品户型定位为一室一厅户型为绝对主力户型，同时在户型细部设计上，考虑到业主的度假性质，故引入了大阳台的设计，增加户外空间，使室内和室外空间能更好地过渡和衔接，产品更加原汁原味。

"日内瓦湖滨小镇"思路诞生

围绕度假物业思路，公司认为要成为一个真正的度假物业，必然要在产品设计上特别是景观设计上更加具有针对性，为此他们以瑞士风景名胜日内瓦为噱头，提出了"日内瓦湖滨小镇"概念，加强对社区沿宝圣湖岸的设计，强调亲水性，设立了湖滨公园、码头，并增设了诸多湖上游乐设施，使项目旅游概念更足，对外界而言，真正成为一个具有魔力的世界。

形象策动，示范效应

同产品促销一样，公司认为房地产营销也靠品牌，靠形象，靠到位的推广，而塑造品牌的目的是提升形象。经过周密的市场调研，仔细分析项目地块特征、地块所处地理位置，2001年3月，公司提议本项目由"格林梦家园"更名为"在水一方"，并专门为之设计了一套VI基础和应用设计方案，全面导入CIS，通过形象塑造提升项目知名度。通过对国内大盘的考察，他们还提议在本项目地块前修建一个占地6亩的"意境区"，并在"意境区"内做特色规划，从每一个细节入手，全面导入VI，打造全新形象。

轰动造势，求认知，求认同

2001年在经开大道通车之前，在常人看来，渝北地区的交通并不方便，所以在项目准备前期就有许多业内人士并不看好该项目。该公司在经过周密的市场调研后，认为如果项目作为普通住宅在该地段推出，劣势是显而易见的，怎样引导和挖掘市场需求是他们操作本项目的关键。在项目组的精心策划下，该公司首次在重庆提出"5+2"生活模式，塑造项目全新理念。

2001年6月，在水一方第一期试探性广告面市，广告以"低总价、低月供、优美的湖景""总价5万元起，月供236元起"为诉求点进行市场试探，第一次面向市民提出"5+2"生活模式，在业界和媒体引起轰动。

主题促销，引起轰动

"在水一方"项目形象创立以后,通过前期在报媒广告上试探而得到的轰动效应,该公司按整体策划方案转入第二阶段的品质宣传阶段。在报媒广告方面,他们主要采取了软文宣传为主,硬广告为辅的策略,从什么是"5+2"生活模式入手,在市民中逐渐树立对项目的认识,并辅以公关活动进行推广。2001年10月在市房交会上首次亮相,当天登记客户达1 200多人,成为此次展会最受欢迎楼盘之一,并且,在展会上,公司通过对项目规划配套及品质调整,扩充项目"软性"附加值,以1 350元/m²的均价进行试探,受到市场追捧,因此他们大胆调整价格体系。2001年10月,"在水一方"参加"重庆市十佳人居精典住宅小区"评选活动并荣获金奖。

公关活动,丰富内涵

"在水一方"推出后,该公司相继策划了"看房一日游""夕阳红歌舞艺术节""渝海地产·新年音乐会""在水一方泛运动会"活动,在业界引起强烈反响。

在业界与市民的强烈呼吁下,宏佳公司在万豪酒店组织召开了"在水一方项目营销策划"新闻发布会,又一次为"在水一方"项目营造了新闻热点。

后 记

2001年11月,市场期待已久的"在水一方"如出嫁的新娘终于揭开面纱,于开盘当天创下销售299套的销售奇迹,A组团当日售空,从而引起市场与媒体的广泛关注,并带动进一步的销售热潮。2001年12月8日,C组团开盘,该公司及时调整价格策略,在价格相对A、B组团有所提高的情况下,当天迅速成交86套,场面火爆。2002年3月,在市春交会上,A、B、C组团已全部售罄。

思考题:运用本章学习内容,分析该楼盘的营销策略。

第五章案例拓展

第五章微课视频

第六章
房地产交易

第六章课件PPT

学习目标

通过本章的学习,了解房地产交易的含义、交易方式的种类、房地产交易准备材料和房地产交易过程中的一般规则,掌握房地产交易中一手房交易的流程和二手房交易的流程,掌握房地产交易过程中税费的种类,熟悉一手房和二手房交易过程中的税费计算。

知识目标

1. 房地产交易方式的种类。
2. 一手房交易流程。
3. 二手房交易流程。
4. 房地产交易过程中税费的种类。

能力目标

1. 一手房税费计算。
2. 二手房税费计算。

案例导读

李先生最近正为小孩读书的事情而烦恼,他目前所居住的小区周边没有理想的小学,于是他准备在重庆市大学城购买一套商品房,唯一的要求是周边一定要有优质的小学教育资源,但是他没有想好到底是买一手房还是二手房,不知买卖过程中会产生哪些费用,不知买卖的流程是什么。

阅读以上案例,结合本章知识,请帮助李先生解决以下问题:
1. 如果是购买一手房,交易流程如何?交易过程中会产生哪些费用?
2. 如果是购买二手房,交易流程又如何?交易过程中会产生哪些费用?

第一节 房地产交易概述

一、房地产交易的含义

房地产交易是房地产交易主体之间以房地产这种特殊商品作为交易对象所从事的市场交易活动。房地产交易是一种极其具有专业性的交易。房地产交易的形式、种类很多，每一种交易都需要具备不同的条件，遵守不同的程序及办理相关手续。目前我国，许多房地产权利并不规范，有些可以自由流转，有些限制流转，有些禁止流转。因此，房地产交易需要律师在其中发挥重要作用。

二、房地产交易的分类

1. 按交易的形式不同来划分

按交易的形式不同来划分，房地产交易可分为房地产转让、房地产租赁和房地产抵押三种。

2. 按交易客体中土地权利的不同来划分

按交易客体中土地权利的不同，可分为国有土地使用权及其地上房产的交易与集体土地使用权及其地上房产的交易。对后者现行法大多禁止或限制其交易，因此，在我国，一般而言，房地产交易仅指前者。前者还可进一步按土地使用权的出让或划拨性质的不同进行分类。

3. 按交易客体所受限制程度的不同来划分

按交易客体所受限制的程度不同，可分为受限交易（如划拨土地使用权及其地上房产的交易，带有福利性的住房及其占用土地使用权的交易等）和非受限交易（如商品房交易等）。

4. 按交易客体存在的状况不同来划分

按交易客体存在状况的不同，可分为单纯的土地使用权交易、房地产期权交易和房地产现权交易。

三、房地产交易的一般规则

一般情况下，房地产交易应遵循以下一般规则：

（1）房地产转让、抵押时，房屋所有权和该房屋占用范围内的土地使用权同时转让、抵押。这就是"房产权与地产权一同交易规则"。房产权与地产权是不能分割的，同一房地产的房屋所有权与土地使用权只能由同一主体享有，而不能由两个主体分别享有；如果由两个主体分别享有，他们的权利就会发生冲突，各自的权利都无法行使。在房地产交易中只有遵循这一规则，才能保障交易的安全、公平。

（2）实行房地产价格评估。我国刚刚建立市场机制，仍未形成合理的完全市场化的房地产价格体系，我国房地产价格构成复杂，非经专业评估难以恰当确定，故法律规定房地产交易中实行房地产价格评估制度。房地产价格评估，应当遵循公正、公平、公开的原则，按照国家规定的技术标准和评估程序，以基准地价、标定地价和各类房屋的重置价格为基准，参照当地的市场价格进行评估。

（3）实行房地产成交价格申报。房地产权利人转让房地产，应当向县级以上地方人民政府规定的部门如实申报成交价，不得瞒报或者作不实的申报。实施该制度的意义在于：进行房地产交易要依法缴纳各种税费，要求当事人如实申报成交价格，便于以此作为计算税费的依据。当事人作不实申报时，国家将依法委托有关部门评估，按评估的价格作为计算税费的依据。

（4）房地产转让、抵押当事人应当依法办理权属变更或抵押登记，房屋租赁当事人应当依法办理租赁登记备案。房地产的特殊性决定了实际占有或签订契约都难以成为判断房地产权利变动的科学公示方式，现代各国多采用登记公示的方法以标示房地产权利的变动。我国法律也确立了这一规则，并规定：房地产转让、抵押，未办理权属登记，转让、抵押行为无效。

第二节 房地产交易准备

房地产交易准备主要包括交易的法律资料准备、交易文件准备。

一、交易的法律资料准备

关于房地产交易，我国目前已有相关法律法规相继出台，主要有《中华人民共和国城市房地产管理法》《中华人民共和国商品房销售管理法》等。

（一）期房交易条件

1. 商品房预售许可证

商品房预售条件及商品房预售许可证的办理程序按照《中华人民共和国城市房

地产开发经营管理条例》和《中华人民共和国城市商品房预售管理办法》的有关规定执行。

取得预售许可证的条件有：预售人已取得房地产开发资质证书、营业执照，按照土地管理部门有关规定交付土地使用权出让金，已取得土地使用权证书；持有建设工程规划许可证和建设工程施工许可证，并已办理建设工程质量和安全监督手续；已确定施工进度和竣工交付使用时间，七层及七层以下的商品房项目已完成结构工程并封顶，七层以上的商品房项目已完成三分之二结构工程；预售商品房项目及其土地使用权未设定他项权利。

2. 土地使用权证

土地使用权证是证明土地使用已向国家支付土地使用权出让金，获得了在一定年限内某块国有土地使用权的法律凭证。按照《中华人民共和国城市房地产管理法》的规定，房地产商转让房地产，必须与市县人民政府土地管理部门签订土地使用权出让合同，并按照出让合同的约定支付全部土地使用权出让金，并依法登记领取土地使用权证书，否则房地产商不得转让房地产。

3. 建设工程规划许可证

根据相关法律规定，在城市规划区新建、扩建、改建建筑工程和市政工程应向城市规划主管部门或派出机构领取建设工程规划许可证方可办理开工手续。建设工程规划许可证的附图和附件是该证的配套文件，具有同等法律效力。

建设工程竣工后，建设单位或个人持建筑工程竣工测绘报告向原审批部门申请规划检收，验收合格后，将建设工程规划（临时）许可证更换为建设工程规划许可证，未经验收或验收不合格，不予发放规划验收合格证，不予房地产权登记，不得投入使用。

4. 施工许可证

施工许可证是证明建筑施工单位符合施工条件，允许其开工的批准证件，是房地产开发项目得以顺利实现的重要环节。涉及监理、设计、资金、图纸、建筑材料等各方面的因素。当开发商以招投标的形式确定建筑施工单位，并与建筑施工单位签订施工合同后，由建筑施工单位向开工项目工程所在地县级以上人民政府建设行政主管部门办理施工许可证手续，领取施工许可证。未取得施工许可证的不得擅自开工。

施工许可证由证书编号、发证机关、发证时间、建设单位、建设项目名称、建设地点、建设面积、施工单位和注意事项组成。

5. 建设用地规划许可证

建设用地规划许可证是建设单位向土地管理部门申请征用、划拨土地前，经城市规划行政主管部门确认建设项目位置和范围符合城市规划的法定凭证。核发"建设用地规划许可证"的目的在于确保土地利用符合城市规划，维护建设单位按照城市规划使用土地的合法权益，为土地管理部门在城市规划区行使权属管理职能提供必要的法律依据。

（二）现房交易条件

项目已竣工，经过项目所在市建设工程质量监督机构综合验收合格，并办理房地产初始登记手续，取得商品房"房屋所有权证"。

（三）二手房交易条件

二手房是指已经获取房地产产权的单位或者个人，再次将房地产转让的房产。二手房交易的条件是凭证上市交易，主要凭"房屋所有权证"和"土地使用权证"。设定共有人的要有共有人书面同意转让的证明书。

二、交易文件准备

1. 客户置业计划书

项目在推向市场时，针对购房者对不同的面积、楼层、朝向等单位的购买意向，根据对购房者的购买力及购买弹性的判断，提出较完善的客户置业计划建议书，便于购房者作出购买决策及选择适合自身的付款方式。

2. 认购合同

在房地产交易过程中，当客户选中了自己喜欢的单位、需缴纳一定数量的定金来确定其对房号的认购权，但此时还没有签订正式房地产买卖合同，而是签订认购合同来保障客户和开发商双方的合法权益。

3. 购房须知

商品房的销售与购买过程较复杂，为明晰客户的购买程序，方便交易，事前应制定书面的购楼须知。购楼须知内容包括物业介绍、可购买对象、认购程序等。

4. 价目表

价格策略制定完成后要制作价目表。价目表可以按每套房的单价，也可以按每套房的总价，或单价和总价同时编制。

5. 付款方式

购楼者对楼宇付款方式能否接受直接影响到楼宇的交易进度。为了实现方便购楼者选择、便于楼盘销售的目的，在楼盘的付款方式上，往往在传统的方式上灵活变通，具有一定的灵活性。现行的付款方式主要有一次性付款、银行按揭、分期付款等。

6. 其他相关文件

其他应准备的文件可根据项目自身来确定，如办理按揭指南、需交税费一览表、办理产权过户的程序及需提供的资料、办理入住须知等相关文件。

第三节 一手房交易

一、一手房交易流程及注意事项

1. 听电话

基本动作：

（1）电话态度必须和蔼，语音亲切。一般主动问候"您好！XXX"，而后开始交谈。

（2）客户在电话中会问及价格、地点、面积、户型、银行按揭等方面的问题，销售人员要扬长避短，在回答重奖产品巧妙的融入。

（3）客户交谈中，要设法取得我们想要的咨询如客户姓名、地址、联系电话、能接受的价格、面积、户型及对产品的要求等。

（4）约请客户来售楼中心观看现房，样板间。

（5）将所有咨询记录在客户来电表上。

注意事项：

（1）控制接听电话的时间，一般而言，接听电话以2~3分钟为宜。

（2）电话接听适应由被动接听转为主动介绍、主动询问。

（3）应将客户来电信息及时整理归纳，与现场经理及现场人员充分沟通交流。

2. 迎接客户

基本动作：

（1）客户进门，每一个看见的人都要主动上前迎接，并彬彬有礼地说"您好！请问是看房吗？"，提醒其他销售人员注意。

（2）销售人员应立即上前，热情接待。

（3）帮助客人收拾雨具、放置衣帽等。

（4）通过随口招呼，区别客户真伪，了解所来的区域和接受的媒体。

注意事项：

（1）销售人员应仪表端正，态度亲切。

（2）询问客户是否第一次看房，如以前来过，便由第一次接待的销售人员上前接待；反之则继续接待。

（3）接待客户一般一次只接待一人，最多不要超过两个人。

（4）若不是真正的客户，也应该注意现场整洁和个人仪表仪容，以随时给客户良好印象。

（5）不管客户是否当场决定购买，都要送客到营销中心门口。

3. 介绍产品

基本动作：

（1）了解客户的个人资讯。

（2）自然而又有重点地介绍产品（着重产品功能、楼盘配套、地段优势、远景规划、装饰建材等的说明）。

注意事项：

（1）侧重强调楼盘的整体优势。

（2）将自己的热忱和诚恳推销给客户，努力与其建立相互信任的关系。

（3）通过交谈正确把握客户的真实需求，并据此迅速制定应对策略。

（4）当客户超过一个人时，注意区分其中的决策者，把握他们之间的相互关系。

4．购买洽谈

基本动作：

（1）倒茶寒暄，引导客户在销售桌前入座。

（2）在客户未主动表示时，应该立刻主动地选择一户做试探型介绍。

（3）根据客户喜欢的户型，在肯定的基础上，做更详尽的说明。

（4）针对客户的疑惑点，进行相关解释，帮助其逐一克服购买障碍。

（5）在客户有70%的认可度的基础上，设法说服他下定金购买。

（6）适时制造现场气氛，强化购买欲望。

注意事项：

（1）入座时，注意将客户安置在一个事业愉悦便于控制的范围内。

（2）个人的销售资料和销售工具应准备齐全，随时应对客户的需要。

（3）了解客户的真正需求。

（4）注意与现场同事的交流与配合，让现场经理知道客户在看哪一户。

（5）注意判断客户的诚意、购买能力和成交概率。

（6）现场气氛营造应该亲切，掌握火候。

（7）对产品的解释不应该有夸大虚构的成分。

（8）不是职权范围内的承诺应承报现场经理。

5．带看现场和样板间

基本动作：

（1）结合工地现状和周边特征，边走边介绍。

（2）结合户型图、规划图、让客户真实感觉自己所选的户别。

（3）结合样板间的实景效果将公共区域的装饰装修特点一一向客户解说。

注意事项：

（1）带看工地路线应事先规划好，注意沿线的整洁和安全。

（2）嘱咐客户戴好安全帽及其他随身所带物品。

6．暂未成交

基本动作：

（1）将销售资料和海报备齐一份给客户，让其仔细考虑或代为传播。

（2）再次告诉客户联系方式和联系电话，承诺为其做义务购房咨询。

（3）对有意的客户再次约定看房时间。

注意事项：

（1）在位成交或未成交的客户依旧是客户，销售人员应该态度亲切，始终如一。

（2）及时分析未成交或暂未成交的原因，记录在案。

（3）针对未成交或暂未成交的原因，报告现场的经理，视具体情况，采取相应补救措施。

7. 填写客户资料表

基本动作：

（1）无论成交与否，每接待一位客户后，应立刻填写客户资料表。

（2）填写重点为客人的联系方式和个人资讯、客户对产品的要求条件和成交或未成交的真正原因。

（3）根据成交的可能性，将其分很有 A（希望）、B（有希望）、C（一般）、D（希望渺茫）四个等级认真填写，以便以后跟踪客户。

注意事项：

（1）客户资料应认真填写，越详尽越好。

（2）客户资料表示销售人员的聚宝盆，应妥善保管。

（3）客户等级应视具体情况，进行阶段性调整。

（4）每天或每周，应有现场经理定时召开工作会议，根据客户资料表检讨销售情况，并采取相应的措施。

8. 客户追踪

基本动作：

（1）根据客户等级与之联系，并随时向现场经理汇报。

（2）对于很有希望、有希望等级的客户，销售人员应列为重点对象，保持密切联系，调动一切可能，努力说服。

（3）将每一次追踪情况详细记录在案，便于以后分析判断。

（4）无论最后成功与否，都要婉转要求客户帮忙介绍客户。

注意事项：

（1）追踪客户要注意切入话题的选择，勿给客户造成销售不畅、死硬推销的印象。

（2）追踪客户要注意时间间隔，一般以 2~3 天为宜。

9. 成交收定

基本动作：

（1）客户决定购买并下定金时，及时告诉现场经理。

（2）恭喜客户。

（3）视具体情况，收取客户大定金（人民币 1 万元整），并告诉客户对买卖双方行为约束。

（4）详尽解释订单填写的各项条款和内容。

（5）收取定金，请客户、经办销售人员、现场经理三方签名确认。

（6）填写完订单，将订单连同定近交送现场经理点备案。

（7）将订单第一联（订户联）交客户收执，并告诉客户于补足或签约时将订单带来。

（8）确定定金补足日或签约日。

（9）再次恭喜客户。

（10）送客至营销中心大门外。

注意事项：

（1）与现场经理和其他销售人员密切配合，制造并维持现场气氛。

（2）折扣或其他附加条件，应呈报现场经理同意备案。

（3）订单填写完后，再仔细检查户别、面积、总价、定金等是否正确。

10. 定金补足

基本动作：

（1）定金栏内填写实收补足金额。

（2）将约定补足日及应补足金额栏划掉。

（3）再次确定签约日期，将签约日期和签约金填于订单上。

（4）若重新开订单，大定金单依据小定金单的内容来写。

（5）详细告诉客户签约的各种注意事项和所需带起的各类证件。

（6）恭喜客户，送至营销中心门口。

注意事项：

（1）在约定补足日前，再次与客户联系，确定日期并做好准备。

（2）填写好后，再次检查户别、面积、总价、定金等是否正确。

（3）将详尽的情况向现场经理汇报备案。

11. 换　户

基本动作：

（1）购房屋栏内，填写换户后的户别、面积、总价。

（2）应补金额几千跃进，若有变化，以换户后的户别为主。

（3）于空白处注明哪一户换至哪一户。

（4）其他内容同原订单。

注意事项：

填写完后，再次检查户别、面积、总价、定金、签约日等是否正确，将原订单收回。

12. 签订合约

基本动作：

（1）恭喜客户选择我们的房屋。

（2）验对身份证原件，审核其购房资格。

（3）出示商品房预售示范合同文本，逐条解释合同的主要条款。

（4）转让当事人的姓名或名称，住所。

（5）房地产的坐落位置、面积、四周范围。

（6）土地所有权性质。

（7）土地使用权获得方式和使用期限。

（8）房地产规划使用性质。

（9）房屋的平面布局、结构、构筑质量、装饰标准以及附属设施、配套设施等状况。

（10）房地产转让的价格、支付方式和期限。

（11）房地产支付日期。

（12）违约责任。

（13）争议的解决方式。

（14）与客户商讨并确定所有内容，在职权范围内作适当让步。

（15）签约成交，并按合同规定收取第一期房款，同时相应抵扣已付定金。

（16）将订单收回交现场经理备案。

（17）帮助客户办理登记备案和银行贷款事宜。

（18）登记备案且办好银行贷款后，合同的一份应交给客户。

（19）恭喜客户，送客至大门外。

注意事项：

（1）示范合同文本应事先准备好。

（2）先分析签约时可能发生的问题，向现场经理报告研究解决办法。

（3）签约时，如客户有问题无法说服，汇报现场经理或更高一级主管。

（4）签合同最由购房户主自己填写具体条款，并一定要其本人亲自签名盖章。

（5）由他人代理签约的，户主给与代理人的委托书最好经过公证。

（6）解释合同条款时，在感情上应侧重于客户的立场，让其有认同感。

（7）签约后的合同，应迅速交房地产交易机构审核，并报房地产登记机构备案。

（8）牢记：登记备案后买卖才算成交。

（9）签约后的客户，应始终与其保持接触，帮助解决各种问题并让其介绍客户。

（10）若客户的问题无法解决而不能完成签约时，让客户先请回，另约请时间，以时间换取双方的折让。

（11）及时检讨签约的情况，若有问题，应采取相应的应对措施。

13．退　户

基本动作：

（1）分析退户原因，明确是否可以退户。

（2）报现场经理或更高一级主管确认，认定退户。

（3）结清相关款项。

（4）将作废合同收回，交公司留存备案。

二、房地产税收制度与政策

1. 税收制度概述

中国现行房地产税有房产税、城镇土地使用税、耕地占用税、土地增值税、契税。紧密相关的税有固定资产投资方向调节税、营业税、城市维护建设税、教育费附加、企业所得税、外国投资企业和外国企业所得税、印花税。

2. 房产税

房产税是以房产为课税对象，向产权所有人征收的一种税。

1）纳税人

凡是中国境内拥有房屋产权的单位和个人都是房产税的纳税人。

2）计税依据

对于非出租的房产，以房产原值一次减除 10%～30%后的余值为计税依据。具体减除幅度，由省、自治区、直辖市人民政府确定。

对于出租的房产，以房产租金收入为计税依据。租金收入是房屋所有权人出租房产使用权所得的报酬，包括货币收入和实物收入。

3）税　率

房产税采用比例税率。按房产余值计征的，税率为 1.2%（年税率）；按房产租金收入计征的，税率为 12%（月税率）。

4）减税、免税

下述房产免征房产税。

（1）国家机关、人民团体、军队自用的房产。但是，上述单位的出租房产以及非自身业务使用的生产、经营用房，不属于免税范围。

（2）由国家财政部门拨付事业经费的单位自用的房产。

（3）宗教寺庙、公园、名胜古迹自用的房产。但其附设的营业用房，即出租的房产不属于免税范围。

（4）个人所有非营业用的房产。

（5）经财政部批准免税的其他房产。包括：损坏、不能使用的房屋和危险房屋，经有关部门鉴定后，可免征房产税；对企业因停产、撤销而闲置不用的房产，经省、自治区、直辖市税务机关批准可暂不征收房产税；房产大修停用半年以上的，经纳税人申请，税务机关审批，在大修期间可免征房产税；在基建工地为基建工地服务的各种工棚、材料棚、休息棚和办公室、食堂、汽车房等临时性房屋，在施工期将一律免征房产税；企业办的各类学校、医院、托儿所、幼儿园自用的房产，可免征房产税；中、小学校及高等学校用于教学及科研等本身业务的房产免征房产税。但学校兴办的校办工厂、校办企业、商店、招待所等房产应按规定征收房产税。

3. 城镇土地使用税

城镇土地使用税是以城镇土地为课税对象，向拥有土地使用权的单位和个人征收的一种税。

1）纳税人

土地使用税的纳税人是拥有土地使用权的单位和个人。拥有土地使用权的纳税人不在土地所在地的，由代管人或实际使用人缴纳；土地使用权未确定或权属纠纷为解决的，由实际使用人纳税；土地使用权共有的，由共有双方划分使用比例分别交税。

2）计税依据

土地使用税的计税依据是纳税人实际占用的土地面积。纳税人实际占用的土地面积是指由省、自治区、直辖市人民政府确定的单位组织测定的土地面积。

3）税　率

土地使用税是采用分类分级的幅度定额税率。每平方米的年幅度税额按城市大小分4个档次：

（1）大城市 0.5 至 10 元。

（2）中等城市 0.4 至 8 元。

（3）小城市 0.3 至 6 元。

（4）县城、建制镇、工矿区 0.2 至 4 元。

4）减税、免税

对下列土地免征土地使用税。

（1）国家机关、人民团体、军队自用的土地。

（2）由国家财政部门拨付事业经费的单位自用的土地。

（3）宗教寺庙、公园、名胜古迹自用土地。

（4）市政街道、广场、绿化地带等公共场地。

（5）直接用于农、林、牧、渔业的生产用地。

（6）经批准开山填海整治的土地和改选的废弃土地，从使用的月份起免缴土地使用税 5～10 年。

（7）由财政部另行规定的能源、交通、水利等设施用地和其他用地。

4. 耕地占用税

耕地占用税是对占用耕地建房或者从事其他非农业建设的单位和个人征收的一种税。

1）纳税人

凡占用耕地建房或者从事其他非农业建设的单位和个人，都是耕地占用税的纳税人。包括国家机关、企业、事业单位，乡镇集体企业、事业单位，农村居民和其他居民。对于农民家庭占用耕地建房的，家庭成员中除未成年人和没有行为能力的人外，都可为耕地占用税的纳税人。

2）计税依据

耕地占用税以纳税人实际占用耕地面积为计税依据，按照规定税率一次性计算征收。耕地占用税实行据实征收原则，对于实际占用耕地超过批准占用耕地，以及未经批准而自行占用耕地的，经调查核实后，由财政部门按照实际占用耕地面积，依法征收耕地占用税，并由土地管理部门按有关规定处理。

3）税　率

耕地占用税实行定额税率，具体分 4 个档次：以县为单位（下同），人均耕地在 1 亩（1 亩 ≈ 666.67 m²）以下（含 1 亩）的地区，2～10 元/m²；人均耕地在 1～2 亩（含 2 亩）的地区，1.6～8 元/m²；人均耕地在 2～3 亩（含 3 亩）的地区，1.3～6.5 元/m²；人均耕地在 3 亩以上的地区，1～5 元/m²。

为了协调政策，避免毗邻地区征收税额过于悬殊，保证国家税收任务的完成，财政部对各省、自治区、直辖市分别核定了每平方米平均税额。经济特区、经济技术开发区和经济发达、人均耕地特别少的地区，适用税额可以适当提高，但最高不得超过规定税额 50%。对单位或者个人获准征用或者占用耕地超过两年不使用的加征规定税 2 倍以下的耕地占用税。

4）减税、免税

免税范围：① 部队军事设施用地；② 铁路沿线、飞机场跑道和停机坪用地；③ 炸药库用地；④ 学校、幼儿园、敬老院、医院用地。

5．土地增值税

土地增值税是对有偿转让国有土地使用权及地上建筑物和其他附着物的单位和个人征收的一种税。

1）征税范围

土地增值税的征税范围包括国有土地、地上建筑物及其他附着物。

2）计税依据

土地增值税以纳税人转让房地产所取得的土地增值额为计税依据。

土地增值税=转让房地产所得收入－规定扣除项目金额

3）税　率

土地增税实行四级超额累进税率：

（1）增值额未超过扣除项目金额 50% 的部分，税率为 30%。

（2）增值额超过扣除项目金额 50%，未超过 100% 的部分，税率为 40%。

（3）增值额超过扣除项目金额 100%，未超过 200% 的部分，税率为 50%。

（4）增值额超过扣除项目金额 200% 以上的部分，税率为 60%。

4）扣除项目

（1）取得土地使用权时所支付的金额。凡通过行政划拨方式无偿取得土地使用权的企业和单位，则以转让土地使用权时按规定补交的出让金及有关费用，作为取得土地使用权所支付的金额。

（2）土地开发成本、费用，包括土地征用及拆迁补偿费、前期工程费、建筑安装工程费、基础设施费、公共配套设施费、开发间接费用。

（3）建房及配套设施的成本、费用，包括销售费用、管理费用和财务费用。

（4）旧房及建筑物的评估价格，是指在转让已使用的房屋及建筑物时，由政府批准设立的房地产估价机构评定的重置成本价乘以成新折扣率后的价格。

（5）与转让房地产有关的税金，是指在转让房地产时已缴纳的营业税、城市建设维护税、印花税。

5）减税、免税

（1）纳税人建造普通标准住宅出售，其土地增值额未超过扣除金额20%的免征土地增值税。

（2）因国家建设需要而被政府征用的房地产免征土地增值税。

（3）个人因工作调动或改善居住条件而转让原自用住房，经向税务机关申报核准，凡居住满5年或5年以上的，免予征收土地增值税，居住满3年未满5年的减半征收土地增值税。居住未满3年的，按规定计征土地增值税。

6. 契税

契税是在土地、房屋不动产所有权发生转移时对产权人征收的一种税。转移土地、房屋权属是指下列行为：国有土地使用权出让；土地使用权转让，包括出售、赠与和交换；房屋买卖；房屋赠与；房屋交换；以土地、房屋权属作价投资、入股；以土地、房屋权属抵债；以获奖方式承受土地、房屋权属；以预购方式或者预付集资建房款方式承受土地、房屋权属。

1）纳税人

承受的单位和个人。

2）课税对象

发生产权转移变动的土地、房屋。

3）税率

契税的税率为3%～5%。各地适用税率，由省、自治区、直辖市人民政府按照本地区的实际情况，在规定的幅度内确定，并报财政部和国家税务总局备案。

4）计税依据

契税的计税依据是房屋产权转移时双方当事人签订的契约价格。

5）纳税申报

办理契证或房屋产权证之前，由承受人自转移合同签订之日起10日内后办理纳税申报手续。

6）减税、免税

城镇职工，按规定第一次购买公有住房的，免征。

因不可抗力灭失住房而重新购买住房的，免征。

土地、房屋被县级以上人民政府征用、占用后，重新承受土地、房屋权属的，由省、自治区、直辖市人民政府决定是否减征或者免征。

7. 物业税

所谓物业税又称财产税或地产税，主要是针对土地、房屋等不动产，要求其承租人或所有者每年都要缴纳一定税款，而应缴纳的税值会随着不动产市场价值的升高而提高。比如说公路、地铁等开通后，沿线的房产价格就会随之提高，相应地，物业税也要提高。

从理论上说，物业税是一种财产税，是针对国民的财产所征收的一种税收。因此，首先政府必须尊重国民的财产，并为之提供保护；然后，作为一种对应，国民必须缴纳一定的税金，以保证政府相应的支出。物业税是政府以政权强制力，对使用或者占有不动产的业主征收的补偿政府提供公共品的费用。

目前，世界上大多数成熟的市场经济国家都对房地产征收物业税，并以财产的持有作为课税前提、以财产的价值为计税依据。依据国际惯例，物业税多属于地方税，是国家财政稳定而重要的来源。

各国和地区房地产保有税的名称不尽相同：有的称"不动产税"，如奥地利、波兰、荷属安的列斯；有的称"财产税"，如德国、美国、智利等；有的称"地方税"或"差饷"，如新西兰、英国、马来西亚等；中国香港则直接称"物业税"。

物业税改革的基本框架是，将现行的房产税、城市房地产税、土地增值税以及土地出让金等税费合并，转化为房产保有阶段统一收取的物业税，并使物业税的总体规模与之保持基本相当。这样一来，物业税一旦开征，将对地方政府、消费者、投机者的经济行为产生不小的冲击。

目前，由于中国房地产泡沫凸显，是否及何时开征物业税正成为时下热点问题。

8. 其 他

1）固定资产投资方向调节税

2）营业税、城市维护建设税和教育费附加

销售不动产的营业税税率为 5%。

城建税实行的是地区差别税率，税率分别规定为 7%、5%、1%三个档次。教育税附加的税率在城市一般为营业税的 3%。

3）企业所得税

企业所得税实行 33%的比例税率,对年应纳税所得额在 3 万元以下的企业,暂按 18%的税率征收，对年应纳税所得额在 3 万元到 10 万元的企业，暂按 27%的税率征收所得税。应纳税所得额的计算公式为：

$$应纳税所得额 = 每一纳税年度的收入总额 - 准予扣除项目的金额$$

准予扣除项目是指与纳税人取得收入有关的成本、费用和损失。

下列扣除：

（1）在生产、经营期间，向金融机构借款的利息支出，按实际发生额扣除；向非金融机构借款的利息支出，按照不高于金融机构同类，同期贷款利率计算的数额以内的部分，准予扣除，高于的部分，不予扣除。

（2）支付给职工的工资计税工资扣除。

（3）职工工会经费、职工福利费、职工教育经费，分别按计税工资总额的 2%、14%、1.5%计算扣除。

（4）用公益、救济性的捐赠，在年度应纳税所得额 3%以内的部分，准予扣除。

4）外商投资企业和外国企业所得税

外商投资企业和外国企业所得税实行 30%的比例税率，另按应纳税所得额征收 3%的地方所得税。

5）印花税

印花税是对因商事活动、产权转移、权利许可证照授受等行为而书立、领受的应税凭证的一种税。

印花税的征收范围主要是经济活动中最普遍、最大量的各种商事和产权凭证。

（1）产权转移书据。

（2）营业账簿。

（3）印花税的税率采用比例税率和定额税率两种。（如各类合同，都采用比例税率）。

三、房地产有关税费的优惠政策

（1）鼓励个人买卖住房，调整了营业税、契税和土地增值税有关政策。

对个人购买并居住超过一年的普通住房，销售时免征营业税，个人购买自用普通住宅，暂减半征收契税。

居民个人拥有的普通住宅，在转让时暂免征收土地增值税。

（2）鼓励换购，个人出售住房所行税负担减轻。

个人出售已购公有住房，其应纳税所得额为个人出售已购公有住房的销售价，减除住房面积标准的经济适用住房价款、原支付超过住房面积标准的房价款、向财政或原产权单位缴纳的所得收益以及税法规定的合理费用后的余额。

对出售自有住房并拟在现住房出售后1年内按市场价重新购房的纳税人，其出售现住房所应缴纳的个人所得税，视其重新购房的价值可全部或部分予以免税，具体办法为：对个人转让自用5年以上、并且是家庭唯一生活用房取得的所得，继续免征个所得税。

（3）支持住房租赁市场发展，调整住房租赁市场税收。

对个人按市场价格出租和居民住房，其应缴纳的营业税暂减按3%的税率征收，房产税暂减按4%的税率征收。

对个人出租房屋取得的所得暂减按10%和税率征收个人所得税。

补充材料1（表6.1）：

表6.1 重庆市一手房交易过程中相关费用一览表

付款方式		一次性付款	按揭付款
税费及相关费用	契　税	总房款×3%	总房款×3%
	买卖印花税	总房款×0.05%	总房款×0.05%
	预告登记费	80元/户	80元/户
	大修基金权证	按照建筑面积（80元/m²）	按照建筑面积（80元/m²）
	印花税	5元/户	5元/户
	按揭印花税	无	按揭金额×0.005%
	抵押登记费	无	80元/户

补充材料2：重庆市房地产税征收实施细则

第一章 总 则

第一条 为加强和规范个人住房房产税的征管，保证税款及时足额入库，依据《重庆市人民政府关于进行对部分个人住房征收房产税改革试点的暂行办法》（以下称《暂行办法》），结合本市实际情况，制定本实施细则。

第二条 本实施细则所称个人住房房产税是以《暂行办法》确定的住房为征税对象，向产权所有人征收的一种财产税。

第二章 试点区域

第三条 个人住房房产税在主城九区行政区域范围征收，即渝中区、江北区、沙坪坝区、九龙坡区、大渡口区、南岸区、北碚区、渝北区、巴南区，含北部新区、高新技术开发区、经济技术开发区。

第三章 征收对象

第四条 个人住房房产税的征收对象为个人拥有的独栋商品住宅，个人新购的高档住房，在重庆市同时无户籍、无企业、无工作的个人新购的第二套（含）以上的普通住房。未列入征税范围的个人高档住房、多套普通住房，将适时纳入征税范围。

独栋商品住宅是指房地产商品房开发项目中在国有土地上依法修建的独立、单栋且与相邻房屋无共墙、无连接的成套住宅。

高档住房是指建筑面积交易单价达到上两年主城九区新建商品住房成交建筑面积均价2倍（含）以上的住房。

新购住房是指《暂行办法》施行之日起购买的住房，包括新建商品住房和存量住房。新建商品住房购买时间以签订购房合同并提交房屋所在地房地产交易与权属登记中心的时间为准，存量住房购买时间以办理房屋权属转移、变更登记手续时间为准。

第四章 纳税人

第五条 个人住房房产税的纳税人为应税住房产权所有人。产权人为未成年人的，由其法定监护人纳税；产权出典的，由承典人纳税；产权所有人、监护人、承典人不在房产所在地的，或者产权未确定及租典纠纷未解决的，由代管人或使用人纳税。

应税住房产权共有的，共有人应主动约定纳税人，未约定的，由税务机关指定纳税人。

第五章 计税依据

第六条 应税住房的计税价值为房产交易价，待条件成熟时按房产评估值征税。

凡纳入征收对象的应税住房用于出租的，按《暂行办法》规定征收缴纳房产税，不再以租金收入计征房产税。

第七条 独栋商品住宅和高档住房一经纳入应税范围，如无新的规定，无论产权是否转移、变更均属征税对象，其计税房产交易价和适用的税率均不再变动。

第六章 税率

第八条 独栋商品住宅和高档住房建筑面积交易单价达到上两年主城九区新建

商品住房成交建筑面积均价3倍以下的住房，税率为0.5%；3倍（含）至4倍的，税率为1%；4倍（含）以上的税率为1.2%。

在重庆市同时无户籍、无企业、无工作的个人新购第二套（含）以上的普通住房，税率为0.5%。

第七章 应纳税额的计算

第九条 个人住房房产税应纳税额的计算，公式：应纳税额＝应税建筑面积×建筑面积交易单价×税率

应税建筑面积是指纳税人应税住房的建筑面积扣除免税面积后的面积。

第十条 免税面积的计算。纳税人在《暂行办法》施行前拥有的独栋商品住宅，免税面积为180 m^2；新购的独栋商品住宅、高档住房，免税面积为100 m^2。

免税面积以家庭为单位进行扣除，一个家庭只能对一套应税住房扣除免税面积。

纳税人家庭拥有多套应税住房的，按时间顺序对先购的一套应税住房计算扣除免税面积；其中：纳税人家庭拥有多套《暂行办法》施行前的独栋商品住宅，允许纳税人选择一套应税住房计算扣除免税面积。

在重庆市同时无户籍、无企业、无工作的个人的应税住房均不扣除免税面积。

注：本实施细则从2011年1月28日起执行。

第四节　二手房交易

一、二手房买卖流程

（1）买方咨询。

（2）登记。

（3）配对。

（4）看房。

（5）满意谈价。

（6）交定金。

（7）签订意向。

（8）签合同。

（9）办理按揭。

（10）打首付款。

（11）评估。

（12）验证。

（13）办理过户。

（14）物业交割。
（15）领证。
（16）打余款。

二、二手房租赁流程

（1）承租方咨询。
（2）登记。
（3）配对。
（4）看房。
（5）了解房屋信息及租金。
（6）交定金。
（7）签合同。

三、二手房交易注意事项

（1）房屋手续是否齐全。
房产证是证明房主对房屋享有所有权的唯一凭证，没有房产证的房屋交易时对买受人来说有得不到房屋的极大风险。房主可能有房产证而将其抵押或转卖，即使没有将来办理取得后，房主还可以抵押和转卖。所以最好选择有房产证的房屋进行交易。

（2）房屋产权是否明晰。
有些房屋有好多个共有人，如有继承人共有的，有家庭共有的，还有夫妻共有的，对此买受人应当和全部共有人签订房屋买卖合同。如果只是部分共有人擅自处分共有财产，买受人与其签订的买卖合同未在其他共有人同意的情况下一般是无效的。

（3）交易房屋是否出租。
有些二手房在转让时，存在该房屋还被别人租赁。如果买方只看房产证，只注重过户手续，而不注意是否存在租赁时，买方极有可能得到一个不能及时入住的或使用的房产。因为我国包括大部分国家均认可"买卖不破租赁"，也就是说房屋买卖合同不能对抗在先成立的租赁合同。这一点在实际中被很多买方及中介公司忽视，也被许多卖方利用从而引起较多纠纷。

（4）土地情况是否清晰。
二手房中买受人应注意土地的使用性质，看是划拨还是出让，划拨的土地一般是无偿使用，政府可无偿收回，出让是房主已缴纳了土地出让金，买受人对房屋享有较完整的权利；还应注意土地的使用年限，如果一个房屋的土地使用权仅有40年，房主已使用十来年，对于买受人来说是否还应该按同地段土地使用权为70年商品房的价格来衡量时，就有点不划算。

（5）市政规划是否影响。

有些房主出售二手房可能是已了解该房屋在 5 到 10 年要面临拆迁，或者房屋附近要建高层住宅，可能影响采光、价格等市政规划情况，才急于出售，作为买受人在购买时应全面了解详细情况。

（6）福利房屋是否合法。

房改房、安居工程、经济适用房本身是一种福利性质的政策性住房，在转让时有一定限制，而且这些房屋在土地性质、房屋所有权范围上有一定的国家规定，买受人购买时要避免买卖合同与国家法律冲突。

（7）单位房屋是否侵权。

一般单位的房屋有成本价的职工住房，还有标准价的职工住房，二者土地性质均为划拨，转让时应缴纳土地使用费。再者，对于标准价的住房一般单位享有部分产权，职工在转让时，单位享有优先购买权。买受人如果没有注意这些可能会和房主一起侵犯单位的合法权益。

（8）物管费用是否拖欠。

有些房主在转让房屋时，其物业管理费，电费以及三气（天然气、暖气、煤气）费用长期拖欠，且已欠下数目不小的费用，买受人不知情购买了此房屋，所有费用买受人有可能要全部承担。

（9）中介公司是否违规。

有些中介公司违规提供中介服务，如在二手房贷款时，为买受人提供零首付的服务，即买受人所支付的全部购房款均可从银行骗贷出来。买受人以为自己占了便宜，岂不知如果被银行发现，所有的责任有可能自己都要承担。

（10）合同约定是否明确。

二手房的买卖合同虽然不需像商品房买卖合同那么全面，但对于一些细节问题还应约定清楚，如：合同主体、权利保证、房屋价款、交易方式、违约责任、纠纷解决、签订日期等等问题均应全面考虑。

二手房买卖的税费规定较多、较复杂，累计各项税费金额也比较大，估算税费负担是十分必要的。根据国家规定，购房者应承担契税、印花税，售房者在一定条件下应承担营业税、城建税、教育附加费、个人所得税。根据买卖房屋的性质以及各地的实际情况还可能发生土地增值税、房产税、手续费、交易管理费等税费。此外，买卖房屋的性质、面积大小、用途、办理产权登记时间长短等因素还可能使得契税的税率发生变化。买卖双方可以根据拟交易房屋的实际情况，向专业人士或有关部门具体了解税费的项目、税率。

四、二手房交易税费

1. 营业税（税率 5.65% 卖方缴纳）

根据（财税〔2011〕12 号）规定，自 2011 年 1 月 28 日起，个人将购买不足 5 年的住房对外销售，全额征收营业税。也就是说，不再区分普通住宅和非普通住宅，个人将购买不足 5 年的住房对外销售均应全额征收营业税。个人将购买超过 5 年（含 5 年）的非普通住房对外销售，按照其销售收入减去购买房屋的价款后的差额征收营业税。个人将购买超过 5 年（含 5 年）的普通住房对外销售的，免征营业税。

2. 个人所得税（税率交易总额 1%或两次交易差的 20% 卖方缴纳）

征收条件以家庭为单位出售非唯一住房需缴纳个人房转让所得税。在这里有两个条件：①家庭唯一住宅；②购买时间超过 5 年。如果两个条件同时满足可以免交个人所得税；任何一个条件不满足都必须缴纳个人所得税。注：如果是家庭唯一住宅但是购买时间不足 5 年。

则需要以纳税保证金形式先缴纳，若在 1 年以内能够重新购买房产并取得产权则可以全部或部分退还纳税保证金，具体退还额度按照两套房产交易价格较低的 1%退还。

注：地税局会审核卖方夫妻双方名下是否有其他房产作为家庭唯一住宅的依据，其中包括虽然产权证没有下放但是房管部门已经备案登记的住房（不包含非住宅类房产）。

另注：如果所售房产是非住宅类房产则不管什么情况都要缴纳个人所得税。而且地税局在征税过程中对于营业税缴纳差额的情况，个人所得税也必须征收差额的 20%。

3. 印花税（税率 1‰ 买卖双方各半）

从 2009 年至今国家暂免征收。

4. 契税（基准税率 3%优惠税率 1.5%和 1%买方缴纳）

征收方法：按照基准税率征收交易总额的 3%，若买方是首次购买面积不足 90 m² 的普通住宅缴纳交易总额的 1%，若买方首次购买面积超过 90 m²（包含 90 m²）的普通住宅则缴纳交易总额的 1.5%。

注：首次购买和普通住宅同时具备才可以享受优惠，契税的优惠是以个人计算的，只要是首次缴契税都可以享受优惠。若买方购买的房产是非普通住宅或者是非住宅则缴纳交易总额的 3%。

5. 测绘费

1.36 元/m²。

总额 = 1.36 元/m² × 实际测绘面积（2008 年 4 月后新政策房改房测绘费标准：面积 75 平方 m² 以下收 200 元，75 m² 以上、144 m² 以下收 300 元，144 m² 以上收 400 元）

一般说来，房改房都是需要测绘的，商品房如果原产权证上没有市房管局的测绘章也是需要测绘的。

6. 二手房交易手续费总额

住宅 6 元/m² × 实际测绘面积，非住宅 10 元/m²。

7. 登记费（工本费）

房地产登记部门收取房地产登记费时，应当按件收取。对此，《关于规范房屋登记费计费方式和收费标准等有关问题的通知》(2008年4月15日国家发展改革委、财政部发布)规定,房屋登记费按件收取,不得按照房屋的面积、体积或者价款的比例收取。具体标准为:住房登记收费标准为每件80元,非住房房屋登记收费标准为每件550元;经济适用住房登记以及因房屋坐落的街道或门牌号码变更、权利人名称变更而申请的房屋变更登记,应当减半收取。但房屋查封登记、注销登记和因登记机关错误造成的更正登记,不收取房屋登记费。在房屋登记收费标准中,一般包含了房屋权属证书费。因此,房地产登记部门按规定核发一本房屋权属证书免收证书费。如果向两个以上房屋权利人核发房屋权属证书时,每增加一本证书加收证书工本费10元。房屋权利人因丢失、损坏等原因申请补领证书,只收取房屋权属证书费。农民利用宅基地建设的住房登记,不收取房屋登记费,只收取房屋权属证书工本费。所需材料:

(1)地税局需要卖方夫妻双方身份证和户口本复印件一套(若卖方夫妻不在同一个户口本上还需提供结婚证复印件一套)、买方身份证复印件一套、网签买卖协议一份、房产证复印件一套(如果卖方配偶已经去世还需要派出所的死亡证明一份)。

(2)房管局需要网签买卖协议一份、房产证原件、新测绘图纸两张,免税证明或完税证明复印件;如省直房改房还需已购公房确认表原件两份和附表一。

注:房改房过户时需要配偶一起出面签字;若配偶已经去世但使用了其工龄,如果是在房改之后则需要先做继承公证再交易过户;如在房改之前,则应提交派出所开具的死亡证明原件。省直房改房还需填写"已购公房确认表"两份并由单位和省直房改办盖章确认,并提交房改原始票据原件。

五、二手房交易税费计算

买方:
(1)契税:成交价或评估价(高者)×1.5%(商用用房,二次购房或大于144 m^2 的税率为3%)
(2)交易服务费:建筑面积(m^2)×3元
(3)交易印花税:成交价或评估价(高者)×0.05%
(4)产权转移登记费:50元(每增加1人加10元,买家为单位的80元)

卖方:
(1)交易服务费:建筑面积(m^2)×3元
(2)交易印花税:成交价或评估价(高者)×0.05%
(3)土地出让金:成交价或评估价(高者)×1%
(4)解困房:成交价或评估价(高者)×1%
(5)商品房:土地出让金按基准地价×3%×未交土地出让金的建筑面积
(6)分摊费用:成交价/总面积×分摊面积×10%(10楼以下)成交价/总面积×分摊面积×20%(10楼以上)

（7）个人所得税：成交价或评估价（高者）×1%（房改房自用满5年，且是唯一生活用房的免征）

（8）营业税及附加税：成交价或评估价（高者）×5.5%（房产证或购买时契税完税证未满5年）

补充材料：重庆市二手房交易税费计算

案例：假设你现在在重庆大学城富力城购置了一套二手房，该房屋为普通住宅，成交总价65万元。该房屋产权登记时间为2012年，总建筑面积96 m²，套内面积82 m²，该房屋原购价为50万元，问如果一次性付款购置此房地产至少要准备多少钱？如果该房屋产权登记时间为2008年，又需准备多少钱？

本章小结

本章主要是对房地产交易的概论、房地产交易方式、一手房交易流程及注意事项、二手房交易流程及注意事项以及房地产交易过程中税费的收取等知识点进行了讲解，重点掌握房地产交易流程及注意事项，掌握房地产交易过程中税费的收取。

关键概念

房地产交易   房产税   土地增值税   契税

章节测试题

1. 一手房交易流程有哪些？有哪些注意事项？
2. 二手房交易过程中有哪些注意事项？

案例分析与讨论

小王夫妇准备在重庆大学城龙湖开元购买一套建筑面积为74 m²的新房，套内面积63 m²，套内单价14 500元/m²，属于第一次置业，准备一次性付款。问小王夫妇至少要准备多少钱？

第六章案例拓展

第六章微课视频

参考文献

[1] 丁云列. 房地产开发. 北京：中国建筑工业出版社，1999.
[2] 阎文周. 工程项目管理实务手册. 北京：中国建筑工业出版社，1997.
[3] 王清兰，柯木林. 物业管理运作指南. 北京：中国建筑工业出版社，2000.
[4] 申立银，曾赛星，等. 房地产经营与管理. 北京：中国计划出版社，1999.
[5] 方芳，吕萍. 物业管理实务. 上海：上海财经大学出版社，2001.
[6] 包亚钧，汪洪涛. 房地产经济论. 上海：同济大学出版社，1998.
[7] 黄安永. 物业管理. 北京：中国建筑工业出版社，2008.
[8] 董潘总. 房地产开发. 大连：东北财经大学出版社，2000.
[9] 陈红玲. 房地产概论. 北京：电子工业出版社，2008.
[10] 周云，倪莉. 房地产概论. 北京：中国环境科学出版社，2008.
[11] 中国房地产估价师与房地产经纪人学会. 房地产经纪相关知识. 北京：中国建筑工业出版社，2008.
[12] 中国就业指导技术指导中心. 房地产策划师. 北京：中国劳动社会保障出版社，2009.
[13] 中国房地产估价师与房地产经纪人学会. 房地产估价理论与方法. 北京：中国建筑工业出版社，2010.
[14] 中国房地产估价师与房地产经纪人学会. 房地产开发经营与管理. 北京：中国建筑工业出版社，2010.
[15] 中国房地产估价师与房地产经纪人学会. 房地产估价相关知识. 北京：中国建筑工业出版社，2010.
[16] 中国房地产估价师与房地产经纪人学会. 房地产基本制度与政策. 北京：中国建筑工业出版社，2010.
[17] 施建刚. 房地产概论. 北京：百家出版社，1994.
[18] 牛承德，喻伟. 工厂外包作业管理. 北京：中国时代经济出版社，2008.
[19] 祖立厂. 房地产营销策划. 北京：机械工业出版社，2007.
[20] 徐一千，刘颖春. 房地产金融. 北京：化学工业出版社，2005.
[21] 龙胜平，方奕，徐刚. 房地产金融与投资. 上海：上海人民出版社，2005.

[22] 刘洪玉. 房地产开发经营与管理. 北京：中国建筑工业出版社，2005.

[23] 赵本宇. 房地产概论. 成都：西南交通大学出版社，2015.

[24] 陈港.房地产营销概论. 北京：北京理工大学出版社，2011.

[25] 中国就业培训技术指导中心. 房地产策划师培训教材. 北京：中国劳动社会保障出版社，2007.

[26] 陈建敏，唐欣. 房地产开发经营与管理. 北京：北京大学出版社，2009.

[27] 陈林杰，周正辉. 房地产营销与策划. 北京：中国建设工业出版社，2015.